자연주의 쿠킹클래스 '그린테이블'의 시크릿 레시피

Green Table's
샐러드 수업

김윤정 지음

비타북스

Prologue

맛있고
건강한 샐러드 습관,
샐러드 수업으로 시작하세요

만물이 소생하는 봄날 오후에 원고를 탈고한 후 여유로운 햇살을 만끽하고 있습니다. 어릴 적부터 채소와 나물 등으로 자주 음식을 해주시던 어머니의 '한 그릇'을 생각하며 샐러드 책을 만드는 지난 몇 개월이 참 즐거웠습니다.

사과나무의 열매처럼 주렁주렁 열린 다섯 아이를 키우며 안 해본 것이 없으시던 어머니는 매일 당근과 사과를 함께 갈아 가족의 잠을 깨우며 분주한 아침을 시작하셨습니다. 찬이 화려하진 않았지만 항상 제철 나물들과 채소, 두부로 만든 반찬으로 꼬박꼬박 아침상을 준비하시던 어머니의 모습은 잊히지 않는 생생한 추억입니다. 지금처럼 샐러드와 사랑에 빠지게 된 것도 아마 어머니의 푸릇푸릇하고 맛있는 나물 무침에서부터였던 것 같습니다. 막상 샐러드라고 하면 매일 먹는 반찬으로는 조금 생소해 보이지만 어머니가 매일 양념에 조물조물 무쳐주시던 나물과 묵무침 또한 샐러드였던 거죠.

어머니처럼 집에 있는 소소한 재료와 과일을 활용해 간단하고 맛있게 샐러드를 만드는 요령을 늘 고민했었어요. 그렇게 하나하나 만들어 먹은 샐러드가 쌓이고 쌓여 이렇게 한 권의 책으로 나오게 되었답니다. 이 책에서는 '있는 재료'를 손쉽게 조리해 내 취향에 맞게 샐러드를 만들 수 있도록 특히 신경을 썼어요. 냉장고 속의 어떤 재료든지 근사한 샐러드가 될 수 있답니다. 또한 100여 가지의 드레싱을 자세히 소개해 취향에 맞는 맛을 쉽게 고를 수 있어요. 입맛에 맞는 드레싱은 넉넉히 만들어 냉장고에 넣어 두고 활용해보세요. 신선한 채소에 원하는 드레싱만 뚝딱 버무려도 금세 건강한 식탁이 차려질 거예요.

어릴 때부터 몸에 밴 건강한 식습관 덕분에 지금의 쿠킹클래스 이름도 '그린테이블'이라 만들게 되었어요. '제철에 나는 건강한 식재료를 식탁 위에 가득 올리자'는 뜻이지요. 그린테이블을 있게 해주신 어머니와 항상 새로운 맛의 실험이 되어주는 멋진 남편, 언제나 엄마 요리를 맛있게 먹어주며 "엄마 요리가 최고!"라고 말해주는 아들 진교에게 감사함을 전합니다.
더불어 모든 독자분들께 건강한 샐러드를 선물합니다.

Green Table
김윤정

Contents

4 Prologue

12 **Lesson.01** 샐러드의 기본이 되는 잎채소 & 허브

14 **Lesson.02** 샐러드를 도와주는 시판 재료

16 **Lesson.03** 조리의 기본이 되는 올바른 계량법

17 **Lesson.04** DIY 샐러드를 즐기는 노하우

DRESSING 100

Cooking
Class.01

샐러드를 빛내주는 드레싱 100

20 오일 드레싱 _ 이탈리안 드레싱

21 심플 오일 드레싱 | 상큼 오일 드레싱 | 머스터드 오일 드레싱 | 허니 머스터드 오일 드레싱
씨겨자 발사믹 드레싱 | 씨겨자 마늘 드레싱 | 너트 오일 드레싱 | 케이퍼 오일 드레싱 | 발사믹 매실 드레싱

22 발사믹 오일 드레싱 | 허니 발사믹 드레싱 | 레몬 발사믹 드레싱 | 마늘 발사믹 드레싱
프렌치 드레싱 | 안초비 오일 드레싱 | 그린 올리브 드레싱 | 레몬 머스터드 드레싱
토마토 오일 드레싱 | 바질 발사믹 글레이즈 드레싱

23 메이플 발사믹 드레싱 | 바질 오일 드레싱 | 레몬 오일 드레싱 | 레드와인 드레싱 | 블랙 올리브 드레싱
베이컨 발사믹 드레싱 | 발사믹 머스터드 바질 드레싱 | 레몬 딜 드레싱 | 시저 드레싱 | 참기름 드레싱

*모든 드레싱과 레시피 분량은 2인분 기준입니다.

24 크림 드레싱 _ 요구르트 크림 드레싱

25 마요네즈 드레싱 | 허니 마요네즈 드레싱 | 레몬 마요네즈 드레싱 | 호두 마요네즈 드레싱
참깨 마요네즈 드레싱 | 카레 드레싱 | 메이플 생크림 드레싱 | 크림치즈 드레싱

26 머스터드 마요네즈 드레싱 | 홀스래디시 드레싱 | 타르타르 드레싱 | 땅콩잼 드레싱
요구르트 드레싱 | 메이플 요구르트 드레싱 | 파인애플 요구르트 드레싱 | 딸기 요구르트 드레싱

27 과일 드레싱 _ 파인애플 드레싱

28 토마토 바질 드레싱 | 토마토 파인애플 드레싱 | 딸기 드레싱
유자 레몬 드레싱 | 무 유자 드레싱 | 자몽 드레싱 | 자몽 허니 드레싱 | 키위 드레싱

29 토마토 드레싱 | 유자 드레싱 | 허니 레몬 드레싱 | 시나몬 레몬 드레싱
오렌지 머스터드 드레싱 | 오렌지 드레싱 | 망고 드레싱 | 블루베리 요거트 드레싱

30 간장 드레싱 _ 오리엔탈 드레싱

31 발사믹 오리엔탈 드레싱 | 새콤 간장 드레싱 | 참깨 간장 드레싱 | 땅콩 간장 드레싱
코리안 드레싱 | 마늘 해선장 드레싱 | 연겨자 드레싱 | 미소 머스터드 드레싱

32 마늘 간장 드레싱 | 유자 간장 드레싱 | 스위트 칠리 드레싱 | 피시소스 간장 드레싱
땅콩 해선장 드레싱 | 청양고추 간장 드레싱 | 된장 드레싱 | 된장 마요네즈 드레싱

33 기타 드레싱 _ 참깨 드레싱

34 아몬드 드레싱 | 호두 드레싱 | 파슬리 잣 드레싱 | 코코넛 카레 드레싱 | 해선장 드레싱
고춧가루 드레싱 | 스테이크소스 드레싱 | 굴소스 드레싱 | 코우슬로 요구르트 드레싱

35 코울슬로 드레싱 | 견과 바질 드레싱 | 땅콩 드레싱 | 칠리 드레싱
핫소스 칠리 드레싱 | 두반장 칠리 드레싱 | 깐풍 드레싱 | 우메보시 드레싱 | 두부 드레싱

Salad DIY

38 채소 Vegetables

40 감자와 고구마 Potato & Sweet Potato
42 단호박과 뿌리채소 Pumpkin & Root Vegetables
44 브로콜리와 파프리카 Broccoli & Paprika
46 양배추와 버섯 Cabbage & Mushroom
48 양파 Onion

50 크림치즈 단호박 샐러드
51 브뤼셀 스프라우트 샐러드
52 양파 샐러드
53 발사믹 양파 샐러드
54 허브오일 버섯 샐러드
55 뿌리채소 샐러드
56 레터스 샐러드
57 브로콜리 샐러드
58 감자 샐러드
59 어니언 링 샐러드

60 과일 Fruit

62 딸기와 바나나 Strawberry & Banana
64 사과 Apple
66 토마토 Tomato
68 시트러스와 멜론 Citrus & Melon

70 과일 꼬치 샐러드
71 한라봉 로메인 샐러드
72 허니 버터 사과 샐러드
73 사과 호두 샐러드
74 자몽 봄나물 샐러드
75 바나나 요구르트 샐러드
76 딸기 콤포트 샐러드
77 방울토마토 샐러드

78 고기 Meat

80 닭고기 Chicken
82 돼지고기 Pork
84 소고기 Beef

86 매콤 케이준 치킨 샐러드
87 허브 마늘 닭다리 샐러드
88 닭가슴살 냉채 샐러드
89 마늘 삼겹살 샐러드
90 중국풍 수육 샐러드
91 뿌리채소 비프 샐러드
92 발사믹 스테이크 샐러드
93 쇠고기 냉채 샐러드

94 해물 Seafood

96 새우 Shrimp
98 오징어 Squid
100 문어와 연어 Octopus & Salmon
102 조개와 관자 Clam & Cappesante

104 레몬 마요 새우 샐러드
105 오징어 버터구이 샐러드
106 유자 문어 샐러드
107 연어 샐러드
108 관자구이 오렌지 샐러드
109 봄나물 조갯살 샐러드
110 오징어 토마토 샐러드
111 상큼 새우 샐러드

112 곡물 Grain

114 슈퍼곡물 Super Grain
116 콩류 Beans

118 아마란스 샐러드
119 치아씨드 자몽 샐러드
120 렌틸콩 샐러드
121 병아리콩 컵 샐러드
122 콩가득 샐러드
123 슈퍼 곡물 샐러드
124 와일드라이스 콜드 샐러드
125 귀리 버섯 샐러드

126 달걀, 두부, 식빵 Egg, Tofu, Bread

128 달걀과 두부 Egg & Tofu
130 식빵 Bread

132 달걀 샐러드
133 아스파라거스 수란 샐러드
134 두부조림 어린잎 샐러드
135 바삭 두부 샐러드
136 브레드 스틱 샐러드
137 크루통 샐러드

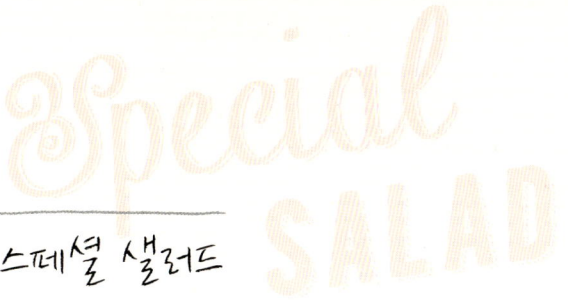

Cooking
Class.03

누구나 쉽게 따라 하는 스페셜 샐러드

1 몸은 가볍고 속은 든든한 한 끼 샐러드

142 루콜라 자몽 샐러드
144 그린 그린 샐러드
146 두부 과일 해초 샐러드
148 리코타 치즈 단감 샐러드
150 블루베리 뮤즐리 샐러드
152 감자 고구마 샐러드
154 쿠스쿠스 샐러드
156 알감자 바질 샐러드
158 중화풍 닭가슴살 샐러드
160 렌틸콩 고구마 범벅
162 구운 뿌리채소와 콜리플라워 그라탱
164 펜네 샐러드
166 클로티드 귤청 샐러드
168 훈제오리 가슴살 샐러드

2 집에서 근사하게 즐기는 카페 샐러드

172 카프레제 샐러드
174 리코타 치즈 샐러드
176 망고 샐러드
178 월도프 샐러드
180 페타 치즈 샐러드
182 판자넬라
184 코브 샐러드
186 샐러드 파스타
188 시저 샐러드
190 훈제연어 샐러드
192 타코 샐러드
194 매콤한 타이 누들 샐러드
196 목살 스테이크 샐러드
198 스테이크 샐러드
200 해산물 풍기 샐러드
202 코코넛 새우 샐러드
204 브런치 샐러드

3 밥반찬으로도 좋은 한식 샐러드

208 세발나물 딸기 샐러드
210 브로콜리 명란 샐러드
212 새우 두부 샐러드
214 매콤 닭가슴살 샐러드
216 봄나물 묵냉채 샐러드
218 차돌박이 부추 샐러드
220 골뱅이 파채 샐러드
222 삼겹살 우엉 샐러드
224 참나물 연두부 샐러드
226 흰살 생선 샐러드
228 시금치 소고기 샐러드

4 냉장고에 두고 먹는 저장식 샐러드

232 라타투이
234 마카로니 샐러드 & 콘샐러드
236 코울슬로 & 사과 코울슬로
238 당근 초절임
240 토마토 생강 샐러드
242 무 비트 샐러드
244 병아리콩 샐러드
246 그린빈 마늘 피클 & 아스파라거스 양파 피클
248 미니당근 피클 & 콜리플라워 피클

252 Index

샐러드의 기본이 되는 잎채소 & 허브

샐러드에 활용되는 다채로운 잎채소와 향기로운 허브. 비슷비슷해 보이지만
각각의 차이가 존재한답니다. 잎채소와 허브의 다양한 특징을 배워보세요.

양상추

샐러드에 가장 많이 쓰이는 잎채소로 아삭한 식감과 청량한 맛이 특징이다. 잎이 밝은 연두색을 띠고, 들었을 때 묵직한 것을 고르는 것이 좋다. 랩으로 싸거나 비닐 팩에 담아 냉장고에 보관한다.

로메인

서양식 상추 로메인은 샐러드에 많이 쓰이는 채소 중 하나로 각종 비타민과 미네랄, 식이섬유가 풍부하며 식감이 아삭하고 맛이 고소하다. 색이 고르며 잎에 광택이 있는 것이 좋다.

엔다이브

마치 배추의 겉장을 모두 떼어낸 배추속대처럼 생긴 엔다이브는 연한 노란색을 띠는 것과 붉은색이 있다. 맛이 쌉쌀하고 아삭한 식감이 나며 샐러드에 활용하거나 배추처럼 쌈으로 먹어도 좋다.

루콜라

특유의 알싸한 향을 가진 잎채소로 머스터드처럼 톡 쏘는 쌉싸름한 맛이 난다. 잎이 짙을수록 맛이 강하며, 비타민과 미네랄, 식이섬유 등의 영양도 풍부하다. 샐러드는 물론 각종 서양 요리에 감초처럼 쓰인다.

어린잎 채소

부드러운 식감이 특징인 어린잎 채소는 각종 채소가 자라기 전, 어리고 부드러울 때 채취한 것이다. 영양이 풍부하며, 상큼한 맛과 알록달록한 색감으로 다양한 요리에 잘 어울린다. 보통 한 가지보다 여러 가지 종류를 판매한다.

래디시

서양 무의 일종으로 앙증맞은 크기와 예쁜 생김새가 특징이며 요리의 장식으로 많이 쓰인다. 뿌리가 동그라며 겉은 붉은색, 속은 하얀색이다. 칼슘, 칼륨, 비타민 C가 풍부하고 해독작용이 뛰어나 숙취 해소에도 좋다.

비타민

시금치를 닮은 잎채소 비타민은 식감이 연하고 부드러우며 비타민이라는 이름이 붙여질 정도로 비타민과 영양이 풍부하다. 맛이 담백하고 순해 어떤 요리에도 잘 어울리며 각종 샐러드에도 많이 사용된다.

치커리

가늘고 긴 줄기에 뾰족하고 곱슬곱슬한 잎 모양을 가진 치커리는 톡 쏘는 향과 쌉싸래한 맛이 특징이다. 치커리의 주요 성분인 식이섬유 이눌린은 콜레스테롤의 흡수를 막고 피로를 해소하며 당뇨를 예방하는 효과도 있다.

라디치오

양상추처럼 생긴 붉은 잎채소로 이탈리안 치커리라고도 불린다. 쓴맛과 단맛을 모두 지녔으며 잎을 한 장씩 떼어 사용하거나 통으로 오븐이나 그릴에 구워서 먹기도 한다. 붉은 잎이 샐러드 채소들과 잘 어울려 샐러드 요리에 많이 쓰인다.

셀러리

특유의 향이 풍부하고 쓴맛이 강한 셀러리는 비타민과 나트륨, 칼슘, 철분 등이 풍부해 신경을 안정시키는 효과가 있다. 줄기가 두껍고 잎이 진한 녹색을 띠며 향이 진할수록 신선한 것이다.

적근대

줄기가 붉고 잎에서 광택이 나는 적근대는 쌈이나 샐러드에 주로 활용된다. 피부미용에 좋고 칼슘, 철 등의 영양성분이 풍부하며 지방의 축적을 방해하여 다이어트에도 효과적이다.

겨자 잎

겨자 열매가 열리기 전에 나는 잎으로 겨자 맛이 난다. 푸른색의 청겨자 잎, 붉은색의 적겨자 잎이 있으며 톡 쏘는 매운맛과 향기가 비린 맛을 제거해주는 역할을 하기도 한다. 잎이 도톰하고 색이 진하고 선명한 것이 좋다.

오크리프

가늘고 길게 생긴 서양 상추의 일종으로 참나무(Oak) 잎(Leaf)을 닮았다고 하여 오크 리프(Oak Leaf)라고 불린다. 상추처럼 아삭하면서도 고소한 맛을 지니며 비타민 C가 풍부하다.

케일

언뜻 겨자 잎과 비슷하게 보이지만 크기가 작고 동그란 모양이 특징이다. 양배추와 브로콜리, 콜리플라워 등의 채소가 모두 케일을 품종 개량하여 만들었을 정도로 맛과 영양이 뛰어나다.

바질

허브의 왕으로 꼽히는 바질은 특유의 향이 강하고 쌉싸래하면서 달콤한 맛이 난다. 토마토와 치즈, 올리브오일과 궁합이 가장 잘 맞아서 파스타, 피자 등 이탈리아 요리에는 빠져서는 안되는 허브이다.

이탈리안 파슬리

요리에 곁들이거나 맛을 내는 재료로 전 세계적으로 가장 많이 사용하는 허브 중의 하나이다. 이탈리안 파슬리는 잎이 짧고 곱슬곱슬한 파슬리와 달리 잎이 크고 평평하게 생긴 품종으로 쓴맛은 적고, 향은 진하다.

로즈메리

산뜻한 향이 좋은 로즈메리는 생선과 고기 요리의 잡냄새를 제거하는 데 효과적이다. 주로 신선한 잔가지를 재료 맨 밑에 깔거나 고기나 생선 속에 넣어 요리한다. 잎을 잘라서 드레싱에 쓰거나 재료와 섞어 요리해도 좋다.

타임

조금 톡 쏘는 듯한 향이 특징인 타임은 육류와 해물, 채소 등 여러 가지 식재료와 잘 어울려 그 용도가 다양하다. 신선한 잎과 가지를 요리에 넣으면 잡냄새를 제거하는 데 효과적이며, 말린 타임은 천연 조미료로 활용할 수 있다.

민트

개운하고 상쾌한 향이 좋은 민트는 각종 요리와 디저트, 베이킹, 음료 등에 다양하게 사용되는 친숙한 허브이다. 소스나 드레싱에 넣어 맛과 향을 내거나, 신선한 민트 잎을 요리 위에 올려 장식으로 활용할 수 있다.

고수

동남아 요리에서 가장 많이 사용되는 허브로 이국적인 향과 맛을 가지고 있다. 향신료를 많이 사용하는 멕시칸 요리에도 자주 활용되며 생선요리에 곁들이면 비린내를 제거하는 효과가 있다.

샐러드를 도와주는 시판 재료

샐러드의 풍미를 더하고 스타일을 살려주는 시판 재료를 활용해 보세요.
재료의 용도와 특성, 고르는 요령을 미리 알아두면 원하는 맛과 모양을 내기가 한결 쉬워져요.

올리브오일

올리브 열매를 압착해서 만든 올리브오일은 건강에 좋은 기름으로 알려지면서 다양한 요리에 두루 사용되는 인기 식재료이다. 불포화지방산이 풍부해 혈관 건강과 심장에 좋으며, 베타카로틴 성분의 흡수를 돕는 효과가 있어서 녹황색 채소나 과일과 함께 먹으면 더욱 좋다.

발사믹식초

이탈리아 모데나 지방의 포도로 만든 레드와인을 나무통에 숙성시켜 만든 최고급 식초로 향이 깊고 진하며 특유의 산미와 부드러운 단맛이 특징이다. 간장과 비슷한 검은색을 띠며 익힌 채소나 고기, 생선의 드레싱으로 잘 어울리고, 샐러드 요리에도 활용하기 좋다.

발사믹 글레이즈

발사믹식초를 끓여서 조린 끈적끈적한 질감의 소스이다. 발사믹식초를 조릴 때 설탕과 향신료 등을 섞기도 한다. 발사믹 글레이즈는 다양한 요리에 소스로 끼얹어 먹기도 하고, 샐러드 드레싱을 만들 때도 활용한다.

화이트와인 비니거 & 레드와인 비니거

와인에 물을 섞어 알코올을 희석시킨 뒤 나무통에 담아 발효시켜서 만드는 식초이다. 신맛이 좀 더 부드럽고 약간의 단맛을 지니고 있으며 와인의 풍미가 은은하게 감돌아 요리의 맛을 한층 높여준다.

씨겨자

겨자씨의 껍질을 벗겨내지 않고 그대로 거칠게 으깨서 각종 향신료와 식초 등을 첨가해 만든 겨자 소스로 홀그레인 머스터드라고도 부른다. 겨자 향이 진하고 참깨 정도 크기의 겨자씨 알갱이가 씹히는 맛이 특별하다.

디종 머스터드

프랑스 동부 지역의 디종이라는 도시에서 재배한 겨자로 만든 소스로 질감이 부드럽고 농도가 진하며 매운맛이 강하다. 껍질을 벗겨낸 짙은 겨자씨로 만든다는 것이 씨겨자와 다르다. 디종 머스터드에 꿀을 섞으면 허니 머스터드가 된다.

메이플시럽

메이플이라고 불리는 설탕단풍나무에서 수액을 채취한 뒤 졸여서 만든 향이 풍부한 시럽이다. 메이플 수액 자체만으로도 단맛이 나지만 이것에 열을 가해 졸이면 점점 색이 진해지고 달콤한 맛이 깊어진다.

아가베시럽

아가베라는 식물에서 추출한 즙을 가열해서 만든 시럽으로 설탕보다 단맛은 진하지만 칼로리는 낮다. 꿀과 비슷한 색깔이지만 끈적거림은 더 적고 찬물에도 잘 녹아 사용이 편리하다.

굴소스

신선한 생굴을 소금에 절여 발효시킨 다음 웃물을 버리고 걸쭉한 상태로 만든 진한 갈색의 양념이다. 굴 특유의 향미가 진하고 간장보다 짠맛이 강하기 때문에 조금만 넣어도 충분한 감칠맛을 낼 수 있다.

연두

콩을 발효시켜 만든 천연 소스의 일종으로 국물을 내거나, 각종 무침, 조림, 샐러드, 소스를 만들 때 요리의 맛과 식감을 살리고 잡냄새를 없애주는 역할을 한다. 첨가물을 사용하지 않아 자극적이지 않고 요리의 감칠맛이 살아난다.

해선장

걸쭉한 농도를 가진 중국식 양념의 일종으로 호이신소스라고도 부른다. 강낭콩, 마늘, 고추 등을 넣고 만들어 특유의 감칠맛과 달콤한 맛, 매콤한 맛, 짠맛을 두루 지니고 있다. 고기 요리에 소스로 활용하거나 국물 맛을 낼 때 쓰기도 한다.

피시소스

생선을 소금에 절여서 장기간 발효시켜 만든 소스로 멸치액젓과 비슷하지만 짠맛과 향이 약하다. 동남아 요리에 기본적으로 많이 사용되며, 식초와 설탕 등을 섞어 샐러드 드레싱으로 만들어도 맛이 좋다.

스위트 칠리소스

매운 고추 '칠리'를 이용해 만든 매콤한 소스이다. 주로 동남아 요리에 많이 쓰이며 점점 다양한 요리에 활용되는 양념이다. 일반 마트에서 쉽게 구할 수 있다.

스리라차 칠리소스

고추와 마늘, 설탕, 식초 등으로 만든 새콤달콤하면서도 매콤한 맛이 나는 태국식 소스이다. 스위트 칠리소스와 달리 매운한 맛이 진한 칠리소스로 톡 쏘는 맛과 진한 향이 특징이다.

칠리가루

칠리라고 부르는 고추에 오레가노 또는 후추, 양파, 큐민씨드 등의 향신료를 섞어서 만든 매콤한 향신료이다. 생김새는 우리나라의 고춧가루와 거의 비슷한 붉은색 가루로 매운 음식에 많이 이용하며 매운맛을 낸다.

파프리카 시즈닝

매콤한 맛을 내는 향신료로 열을 가하면 파프리카의 맛과 향이 난다. 쉽게 타기 때문에 팬에서 너무 오래 가열하지 않는 것이 좋고 살짝 매운맛을 내거나 색을 낼 때, 사용하면 풍미를 더할 수 있다.

케이준 시즈닝

케이준 스타일 음식을 만들 때 사용하는 양념이다. 마늘, 양파, 고추, 후추, 겨자, 셀러리 등을 섞어서 만든다. 매콤한 맛과 독특한 향기가 나며 밀가루와 섞어 튀김옷을 만들어 쓰거나 볶음밥, 스튜 등에 넣어 쓴다.

파르미지아노 치즈

프랑스 파르마 지역을 중심으로 생산된 치즈로 대개 조각 케이크 모양으로 포장되어 판매한다. 단단하면서도 부서지기 쉬운 질감으로 가루를 내거나 슬라이스 하여 샐러드와 파스타 등에 끼얹어 사용한다.

케이퍼

지중해 연안에서 자라는 케이퍼 꽃봉오리를 식초와 소금에 절여 만든다. 겨자와 같은 매운맛과 함께 상큼하고 맑은 향을 내기 때문에 생선의 비린내를 없애준다. 특히 연어 요리에 잘 어울린다.

안초비

지중해 연안에서 잡은 멸치과의 생선을 손질해 절인 것으로 특유의 짭짤한 감칠맛과 향을 지니고 있다. 다양한 요리의 맛을 살리는 양념으로 사용하거나 그 자체를 요리 주재료로 사용하기도 한다.

조리의 기본이 되는 올바른 계량법

샐러드 역시 모든 음식이 그렇듯 각 재료를 얼마만큼 넣느냐에 따라서 맛이 달라지기 마련입니다.
요리하기 전 꼭 알아야 할 올바른 계량법부터 익혀 실패를 줄이고 완성도를 높여보세요.

계량도구 사용하기

계량스푼은 소금, 간장, 다진 마늘 등의 재료를 1/4컵 이하의 양을 잴 때 쓴다. 계량스푼 1큰술은 15mL이고, 1작은술은 5mL이다. 계량컵은 재료를 mL 단위로 재거나 많은 양을 계량할 때 사용하며 1컵은 200mL이다.

가루 재료 계량하기

소금, 설탕, 고춧가루, 밀가루 등의 가루 재료를 계량할 때는 계량스푼이나 계량컵에 재료를 담고, 젓가락 등으로 윗면을 평평하게 깎아낸다. 밀가루의 경우는 꾹꾹 눌러 담지 않는다.

액체 재료 계량하기

간장, 식초, 액젓, 참기름 등과 같은 액체 재료를 계량할 때는 넘치지 않도록 가득 담아 수평을 맞춘다.

장류 재료 계량하기

된장, 고추장, 마요네즈, 머스터드 등 농도가 진한 장류 재료를 계량할 때는 계량스푼이나 계량컵에 재료를 담고, 젓가락 등으로 윗면을 평평하게 깎아낸다.

고체 재료 계량하기

곡물, 콩, 견과류 등의 고체 재료를 계량할 때는 계량스푼과 계량컵에 꾹꾹 눌러 가득 담고 윗면을 평평하게 깎아낸다. 고체 재료는 같은 1컵이나 1스푼이라도 재료마다 무게가 다르기 때문에 정확한 무게를 재야하는 경우에는 저울을 사용한다.

밥숟가락 계량하기

계량스푼 대신 밥숟가락을 사용할 때는 재료를 밥숟가락에 볼록하게 담으면 계량스푼 1큰술과 동일한 분량이 된다.

DIY 샐러드를 즐기는 노하우

이 책에는 100가지의 드레싱과 100가지의 샐러드가 담겨있어요. 또한 원하는 드레싱을 쉽게 고르고,
냉장고 속 재료를 후다닥 조리해 샐러드로 변신시키는 과정을 자세히 알려준답니다.
이 책을 활용해서 나만의 DIY 샐러드를 맘껏 즐겨보세요.

드레싱 고르기
드레싱을 가장 먼저 만들어 맛이 들도록 하세요.

100가지 드레싱을 재료별로 구분하여, 오일과 크림, 과일, 간
장, 기타 드레싱으로 나누고 한눈에 보기 쉽게 담았어요. 사진
으로 보고 이름과 재료를 확인하여 내가 원하는 드레싱을 단
숨에 골라보세요.

냉장고 속 재료 활용하기
주재료를 골라 맛있는 샐러드로 변신시켜보세요.

냉장고에 항상 있는 고기와 채소, 달걀, 또는 남은 과일이나 조
리법을 몰라 남겨둔 식재료 등 각 재료에 맞도록 2인분 분량
의 알맞은 조리법을 자세히 알려드려요. 재료별 영양과 손질
법, 보관법도 확인할 수 있답니다. 원하는 재료를 선택하고 손
쉽게 조리해 근사한 샐러드로 변신시켜보세요.

친절한 레시피 따라잡기
원하는 메뉴를 골라 그대로 따라 해보세요.

간편한 한 끼 샐러드, 최신 유행하는 카페 샐러드, 밥반찬으로
도 좋은 한식 샐러드, 두고두고 먹을 수 있는 저장식 샐러드
등 100여 가지의 샐러드 레시피를 담았어요. 자세한 과정 사
진과 꼼꼼한 조리 설명을 참고해 그대로 따라 해보세요. 멋진
샐러드가 완성됩니다. 모든 레시피 분량은 2인분입니다.

DRESSING

샐러드를 빛내주는
드레싱
100

Salad with

샐러드의 맛을 결정하는 중요한 드레싱. 수많은 종류 중에서 어떤 드레싱을 곁들여야 할지 항상 고민이지요. 다양한 재료를 마음껏 활용하려면 다양한 맛의 드레싱을 만들 수 있어야겠지요. 기본적으로 꼭 알아두어야 할 대표 드레싱 만드는 방법과 100가지의 드레싱을 보기 쉽게 정리했어요. 더 이상 드레싱으로 고민하지 마세요!

Oil Dressing
오일 드레싱

오일 드레싱의 맛이 다 거기서 거기라고 생각하는 분들이 있어요. 오일을 베이스로 하더라도 수많은 맛과 향을 낼 수 있답니다. 우선 오일 드레싱을 대표하는 이탈리안 드레싱 만드는 법을 자세히 익혀보세요. 기본을 알면 어떤 오일 드레싱도 문제없답니다. 기호에 따라 부재료를 활용하고 올리브오일의 분량을 조절하면 나에게 딱 맞는 오일 드레싱을 찾을 수 있을 거예요.

이탈리안 드레싱 177p

올리브오일 3큰술, 화이트와인 비니거 4큰술, 양파 1/4개, 다진 마늘 1/2큰술, 설탕 2큰술, 소금 1작은술, 후춧가루 1작은술

1 양파는 곱게 다진다.

2 볼에 다진 양파와 다진 마늘, 설탕, 소금, 후춧가루, 화이트와인 비니거를 넣고 골고루 섞는다.

3 마지막에 올리브오일을 넣고 골고루 섞어 드레싱을 완성한다.

1

2

3

1 심플 오일 드레싱 137p
올리브오일 4큰술, 발사믹식초 4큰술, 소금·후춧가루 약간씩

2 상큼 오일 드레싱 209p
올리브오일 2큰술, 식초 2큰술, 설탕 2큰술, 소금 1/2작은술

3 머스터드 오일 드레싱 118p
올리브오일 2큰술, 홀그레인 머스터드 1큰술, 발사믹 글레이즈 1큰술, 레몬즙 1큰술, 화이트와인 비니거 1큰술, 아가베시럽 1큰술, 소금 1작은술

4 허니 머스터드 오일 드레싱 87p
올리브오일 2큰술, 디종 머스터드 2작은술, 씨겨자 1작은술, 꿀 4작은술, 레몬즙 2큰술

5 씨겨자 발사믹 드레싱 87p
올리브오일 1큰술, 씨겨자 1큰술, 발사믹식초 1/3컵, 설탕 3큰술, 소금 1/2작은술

6 씨겨자 마늘 드레싱 229p
포도씨유 1½큰술, 씨겨자 1큰술, 볶은 다진 마늘 1큰술, 다진 양파 1큰술, 식초 2큰술, 설탕 1/2작은술

7 너트 오일 드레싱 57p
올리브오일 3큰술, 으깬 호두 20g, 다진 아몬드 15g, 다진 안초비 2~3마리

8 케이퍼 오일 드레싱 107p
올리브오일 2큰술, 다진 케이퍼 1큰술, 다진 양파 1큰술, 디종 머스터드 1작은술, 소금·후춧가루·허브가루 약간씩

9 발사믹 매실 드레싱 92p
올리브오일 6큰술, 발사믹식초 2큰술, 매실청 1큰술, 다진 양파 1큰술, 디종 머스터드 1작은술, 소금·후춧가루·허브가루 약간씩

1 발사믹 오일 드레싱 53, 173, 175p
발사믹식초 3큰술, 올리브오일 2큰술, 다진 양파 1큰술, 설탕 1큰술, 소금 1/2작은술

2 허니 발사믹 드레싱 77p
올리브오일 2큰술, 꿀 1/2작은술, 발사믹식초 1큰술, 소금·후춧가루 약간씩

3 레몬 발사믹 드레싱 125p
올리브오일 2큰술, 레몬즙 2작은술, 발사믹식초 1/2작은술, 소금·후춧가루 약간씩

4 레몬 머스터드 드레싱 197p
올리브오일 1큰술, 레몬즙 1큰술, 다진 양파 1큰술, 씨겨자 1/2작은술, 발사믹식초 1큰술, 설탕 1작은술, 소금 1/4작은술, 파슬리가루 약간

5 마늘 발사믹 드레싱 205p
올리브오일 1큰술, 다진 마늘 1큰술, 발사믹식초 2큰술, 설탕 2작은술, 소금 1작은술

6 프렌치 드레싱 185p
올리브오일 4큰술, 화이트와인 식초 4큰술, 디종 머스터드 1큰술, 설탕 1½큰술

7 안초비 오일 드레싱 54p
올리브오일 5큰술, 다진 안초비 10g, 다진 양파 1큰술, 다진 마늘 1큰술, 식초 4큰술, 소금 2/3작은술, 후춧가루 약간

8 그린 올리브 드레싱 122p
올리브오일 2큰술, 다진 그린 올리브 2큰술, 다진 양파 1큰술, 다진 마늘 1/2작은술, 식초 2큰술, 소금·후춧가루 약간씩

9 토마토 오일 드레싱 173p
다진 토마토 2큰술, 레드와인 비니거 2큰술, 올리브오일 2큰술, 다진 양파 1작은술, 다진 마늘 1작은술, 꿀 1작은술, 씨겨자 1작은술, 소금·후춧가루·허브가루 약간씩

10 바질 발사믹 글레이즈 드레싱 199p
올리브오일 2큰술, 발사믹 글레이즈 1큰술, 다진 바질 3장 분량, 다진 양파 1작은술, 다진 마늘 1/2작은술, 레몬즙 1큰술, 꿀 1/2작은술, 소금 1/3작은술, 후춧가루 약간

1 메이플 발사믹 드레싱 137p
올리브오일 3큰술, 메이플시럽 3큰술, 발사믹식초 3작은술,

2 바질 오일 드레싱 183p
올리브오일 5큰술, 다진 바질 3큰술, 곱게 간 잣 1큰술, 다진 마늘 1큰술, 화이트와인 비니거 1큰술, 소금 1/2작은술, 후춧가루 약간

3 레몬 오일 드레싱 121p
올리브오일 6큰술, 레몬즙 2큰술, 식초 1큰술, 소금·후춧가루 약간씩

4 레드와인 드레싱 183p
올리브오일 5큰술, 레드와인 비니거 2큰술, 다진 양파 2큰술, 디종 머스터드 1/2작은술, 설탕·허브가루·소금·후춧가루 약간씩

5 블랙 올리브 드레싱 204p
올리브오일 2큰술, 다진 블랙 올리브 2큰술, 다진 바질 1큰술, 다진 양파 1큰술, 다진 마늘 1/2작은술, 식초 2작은술, 소금·후춧가루 약간씩

6 베이컨 발사믹 드레싱 51p
올리브오일 1/2컵, 다진 베이컨 1큰술, 발사믹식초 1큰술, 디종 머스터드 1/2작은술, 다진 마늘 1/2작은술, 허브가루 약간

7 발사믹 머스터드 바질 드레싱 201p
올리브오일 3큰술, 다진 바질 1큰술, 발사믹식초 3큰술, 씨겨자 1큰술, 다진 양파 2큰술, 꿀 1/2큰술, 소금·후춧가루 약간씩

8 레몬 딜 드레싱 181p
올리브오일 3큰술, 레몬즙 2큰술, 다진 딜 1큰술, 꿀 1큰술, 씨겨자 1/2큰술, 소금·후춧가루 약간씩

9 시저 드레싱 189p
올리브오일 2큰술, 달걀노른자 2개, 다진 안초비 15g, 다진 마늘 1작은술, 파르미지아노 치즈가루 2큰술, 씨겨자 1작은술, 발사믹식초 1작은술, 레몬즙 1큰술

10 참기름 드레싱 74, 211, 221p
참기름 2큰술, 레몬즙 1큰술, 소금·후춧가루 약간씩

Cream Dressing
크림 드레싱

마요네즈와 요구르트를 베이스로 한 부드러운 식감의 드레싱이에요. 고소한 맛과 향은 물론 질감이 살아있어 샐러드의 맛과 비주얼을 동시에 업그레이드해주는 효과를 낼 수 있답니다. 크림 드레싱의 가장 기본이 되는 요구르트 드레싱을 자세히 익혀보세요. 그리고 다양한 크림 드레싱의 매력에 푹 빠져보세요.

요구르트 크림 드레싱 73p

플레인 요구르트 3큰술, 마요네즈 2큰술, 양파 1/4개, 레몬즙 1작은술, 소금 약간

1 양파는 곱게 다진다.

2 볼에 다진 양파와 요구르트, 마요네즈, 레몬즙, 소금을 넣고 골고루 섞는다.

1

2

1 마요네즈 드레싱 132p
마요네즈 5큰술, 레몬즙 1큰술, 설탕 1
큰술, 소금 1/2작은술, 후춧가루 약간

2 허니 마요네즈 드레싱 177p
마요네즈 4큰술, 꿀 1큰술, 디종 머스
터드 2작은술, 레몬즙 2큰술, 올리브
오일 2큰술

3 레몬 마요네즈 드레싱 104p
마요네즈 5큰술, 레몬즙 1½큰술, 우
유 2큰술, 다진 양파 2큰술, 허브가루
2큰술, 설탕 1큰술, 소금 약간

4 호두 마요네즈 드레싱 105p
마요네즈 3큰술, 다진 호두 1큰술, 레
몬즙 1큰술, 식초 1작은술, 설탕 1작은
술, 소금 약간

5 참깨 마요네즈 드레싱 151p
플레인 요구르트 3큰술, 마요네즈 2
큰술, 참깨가루 1큰술, 우유 1작은술,
식초 1큰술, 설탕 1작은술

6 카레 드레싱 86p
플레인 요구르트 3큰술, 마요네즈 3
큰술, 카레가루 1큰술, 레몬즙 2큰술,
소금·후춧가루 약간씩

7 메이플 생크림 드레싱 161p
생크림 4큰술, 메이플시럽 2큰술, 소
금 1작은술

8 크림치즈 드레싱 56p
크림치즈 1큰술, 플레인 요구르트 3
큰술, 레몬즙 1큰술, 올리브오일 1큰
술, 설탕 2작은술

1 머스터드 마요네즈 드레싱 91, 133p
마요네즈 5큰술, 플레인 요구르트 2큰술, 디종 머스터드 1작은술, 씨겨자 1작은술

2 홀스래디시 드레싱 191p
마요네즈 4큰술, 홀스래디시 1½큰술, 다진 양파 1½큰술, 레몬즙 1½큰술, 설탕 1큰술, 소금 1작은술

3 타르타르 드레싱 59p
마요네즈 1/2컵, 으깬 삶은 달걀 1/2개, 다진 양파 1큰술, 다진 피클 1큰술, 파슬리가루 1/2큰술, 후춧가루·레몬즙 약간씩

4 땅콩잼 드레싱 163p
마요네즈 2½큰술, 땅콩잼 1큰술, 다진 마늘 1/4작은술, 깨소금 1/2큰술, 레몬즙 1큰술, 올리브오일 1/2큰술, 우유 1/2큰술, 통깨 1/2작은술

5 요구르트 드레싱 149p
플레인 요구르트 4큰술, 다진 양파 2작은술, 파슬리가루 1/2작은술, 설탕 2작은술, 소금 1/2작은술, 레몬즙 1큰술, 올리브오일 1큰술

6 메이플 요구르트 드레싱 75, 153p
플레인 요구르트 80g, 메이플시럽 1큰술, 레드와인 비니거 1큰술, 씨겨자 1큰술, 레몬즙 1작은술, 레몬 제스트 1개 분량, 파슬리가루 1작은술, 소금·후춧가루 약간씩

7 파인애플 요구르트 드레싱 70p
곱게 간 파인애플 3큰술, 플레인 요구르트 80g, 레몬즙 1큰술, 꿀 1큰술

8 딸기 요구르트 드레싱 76p
곱게 간 딸기 4개, 플레인 요구르트 80g, 꿀 1큰술, 레몬즙 1큰술

새콤, 달콤, 상큼한 맛을 원할 때 꼭 필요한 드레싱이에요. 대체로 과일을 곱게 갈아서 사용하지만 과육이 씹히도록 작게 다져서 넣어도 좋아요. 가장 대중적인 파인애플 드레싱 만드는 법을 자세히 배우고 과일의 신선한 맛과 향을 즐길 수 있는 다양한 드레싱을 만나보세요.

Fruits Dressing
과일 드레싱

파인애플 드레싱 111p

파인애플 50g, 다진 양파 1큰술, 식초 1큰술, 레몬즙 1큰술, 설탕 4작은술, 소금 1작은술, 포도씨유 2큰술

1 파인애플을 곱게 간다.

2 볼에 곱게 간 파인애플과 다진 양파, 식초, 레몬즙, 설탕, 소금을 넣고 골고루 섞는다.

3 마지막에 포도씨유를 넣고 골고루 섞어 드레싱을 완성한다.

1

2

3

1 토마토 바질 드레싱 193p
다진 토마토 5큰술, 다진 바질 3장 분량, 다진 양파 1큰술, 다진 마늘 1/4작은술, 식초 1½큰술, 올리브오일 1큰술, 소금·후춧가루 약간씩

2 토마토 파인애플 드레싱 59p
토마토케첩 1/2컵, 토마토소스 1/2컵, 곱게 간 파인애플 50g, 핫소스 1작은술, 다진 양파 30g, 생강즙 1/2작은술, 꿀 1큰술, 간장 2큰술, 후춧가루 약간

3 딸기 드레싱 209p
다진 딸기 5개 분량, 올리브오일 3큰술, 레몬즙 1큰술, 설탕 1작은술, 소금·후춧가루 약간씩

4 유자 레몬 드레싱 147p
유자청 2큰술, 다진 마늘 1/2작은술, 레몬즙 1개 분량, 올리브오일 2큰술, 식초 1큰술, 소금 1/2작은술, 후춧가루 약간

5 무 유자 드레싱 169p
곱게 간 무 1/4컵, 다진 유자청 1/2큰술, 유자즙 1큰술, 식초 1큰술, 다진 실파 1큰술, 청주 1/2큰술, 물 3큰술

6 자몽 드레싱 169p
자몽즙 1/2개 분량, 다진 양파 1큰술, 디종 머스터드 1/2큰술, 레드와인 비니거 1/2큰술, 올리브오일 1큰술, 설탕 1/2큰술, 소금·후춧가루 약간씩, 허브가루 적당량

7 자몽 허니 드레싱 119p
자몽즙 1/2개 분량, 올리브오일 1큰술, 꿀 1작은술

8 키위 드레싱 145p
곱게 간 키위 1개 분량, 다진 양파 15g, 레몬즙 1큰술, 메이플시럽 1큰술, 올리브오일 2큰술, 소금·후춧가루 약간씩

1 토마토 드레싱 155p
다진 토마토 5큰술, 다진 양파 2큰술, 올리브오일 3큰술, 식초 2큰술, 허브가루 1/2작은술, 소금·후춧가루 약간씩

2 유자 드레싱 106p
유자청 2큰술, 유자즙 2큰술, 레몬즙 3큰술, 다진 마늘 1/2작은술, 올리브오일 2큰술, 소금·후춧가루 약간씩

3 허니 레몬 드레싱 107p
레몬즙 1/4컵, 꿀 1큰술, 올리브오일 1/2컵, 소금 1/2작은술, 후춧가루 약간

4 시나몬 레몬 드레싱 125p
레몬즙 4큰술, 올리브오일 2큰술, 설탕 1작은술, 계핏가루 1/2작은술, 소금·후춧가루 약간씩

5 오렌지 머스터드 드레싱 108p
오렌지주스 3큰술, 디종 머스터드 1/2큰술, 씨겨자 1/2큰술, 꿀 1큰술, 레몬즙 1큰술, 올리브오일 2큰술, 소금·후춧가루 약간씩

6 오렌지 드레싱 71p
오렌지주스 3큰술, 설탕 1큰술, 레몬즙 2큰술, 소금 2/3작은술, 다진 양파 1작은술, 포도씨유 1큰술, 오렌지 제스트 약간

7 망고 드레싱 121p
곱게 간 망고 4큰술, 다진 양파 2큰술, 레몬즙 2큰술, 올리브오일 2큰술, 후춧가루 약간

8 블루베리 요거트 드레싱 70p
간 블루베리 2큰술, 플레인 요구르트 4큰술, 메이플시럽 1큰술, 레몬즙 1큰술

Soy Sauce Dressing

간장 드레싱

음식의 맛과 풍미를 살려주는 간장을 기본으로 하는 드레싱. 다양한 샐러드에 대부분 잘 어울리지만 특히 한식 샐러드와 환상의 조화를 이룬답니다. 가장 대표적인 오리엔탈 드레싱을 익힌 뒤 다양한 맛에 도전해보세요.

오리엔탈 드레싱 134p

간장 2큰술, 양파 1/4개, 마늘 1쪽, 맛술 1큰술, 식초 1큰술, 참기름 1큰술, 통깨 1/2큰술, 설탕 1큰술

1 양파는 얇게 채 썬 뒤 다시 곱게 다진다.

2 마늘은 편으로 얇게 썬 뒤 다시 곱게 다진다.

3 볼에 다진 양파와 다진 마늘, 설탕, 통깨, 간장, 맛술, 식초, 참기름을 넣어 골고루 섞는다.

1

2

3

1 발사믹 오리엔탈 드레싱 110p
간장 2큰술, 올리브오일 6큰술, 발사믹
식초 3큰술, 소금·후춧가루 약간씩

2 새콤 간장 드레싱 225p
간장 2큰술, 식초 2큰술, 설탕 1큰술, 참
기름 1큰술, 다진 마늘 1작은술, 후춧가
루 약간

3 참깨 간장 드레싱 217p
참깨 2큰술, 다진 땅콩 1큰술, 물 2큰술,
올리브오일 2큰술, 진간장 1큰술, 식초 1
작은술, 레몬즙 1작은술, 소금 1작은술,
후춧가루 약간

4 땅콩 간장 드레싱 135p
간장 3큰술, 다진 땅콩 1작은술, 라임주
스 3큰술, 다진 고수 1큰술, 설탕 1/2큰술

5 코리안 드레싱 217p
간장 1큰술, 식초 1½큰술, 청주 1큰술,
참기름 1큰술, 설탕 1½큰술, 다진 파 1큰
술, 다진마늘 1작은술, 고춧가루 2큰술,
통깨 1큰술

6 마늘 해선장 드레싱 89p
다진 마늘 1큰술, 해선장 2큰술, 식초 2
큰술, 포도씨유 1큰술, 설탕 1작은술, 고
춧가루 2작은술

7 연겨자 드레싱 111p
연겨자 1큰술, 식초 3큰술, 설탕 2작은
술, 다진 마늘 1/2큰술, 간장 1/2작은술

8 미소 머스터드 드레싱 109p
미소된장 2큰술, 생크림 2큰술, 겨자 1/2
큰술, 화이트와인 2큰술, 물 2큰술, 맛술
1큰술, 꿀 1작은술, 설탕 1작은술

1 마늘 간장 드레싱 135p

간장 2큰술, 다진 마늘 2큰술, 포도씨유 3큰술, 식초 2큰술, 설탕 1큰술, 물 2큰술, 참기름 1작은술, 후춧가루 약간

2 유자 간장 드레싱 52p

간장 4큰술, 유자청 1큰술, 레몬즙 1큰술, 생강즙 1작은술

3 땅콩 해선장 드레싱 159p

땅콩버터 1큰술, 해선장 2큰술, 설탕 1큰술, 레몬즙 2큰술, 생강즙 1작은술, 참기름 1작은술

4 피시소스 간장 드레싱 89p

간장 1큰술, 피시소스 1큰술, 레몬즙 2큰술, 다진 청양고추 1큰술, 다진 고수 1작은술, 설탕 1작은술

5 스위트 칠리 드레싱 187p

스위트 칠리소스 1큰술, 간장 1큰술, 발사믹식초 2큰술, 올리브오일 2큰술, 토마토케첩 1/2큰술, 다진 마늘 1작은술, 소금·후춧가루 약간씩

6 청양고추 간장 드레싱 223p

멸치액젓 1큰술, 간장 1작은술, 다진 청양고추 1작은술, 다진 붉은 고추 1큰술, 다진 양파 1큰술, 설탕 1작은술, 맛술 1큰술, 식초 1큰술, 참기름 1큰술, 통깨 1작은술

7 된장 드레싱 109p

된장 3큰술, 청주 2큰술, 들기름 1작은술, 소금 약간

8 된장 마요네즈 드레싱 90p

마요네즈 6큰술, 된장 2작은술, 유자청 1큰술, 올리브오일 2큰술

요즘은 정말 다양한 재료를 베이스로 활용하여 드레싱을 즐기는 것
같아요. 평소 좋아했던 재료가 있다면 드레싱으로 만들어보세요. 불
가능할 것 같았던 맛도 가능해질 수 있답니다. 고소한 맛이 일품인
참깨 드레싱부터 익혀보세요.

Others Dressing
기타 드레싱

참깨 드레싱 88, 219p

참깨 4큰술, 땅콩잼 2큰술, 마요네즈 2큰술, 다진
양파 1큰술, 설탕 1½큰술, 간장 1큰술, 식초 1큰술,
참기름 1큰술, 후춧가루 약간

1 참깨를 마른 팬에 올려 약한 불에서 저어
 가며 볶는다.

2 볶은 참깨를 믹서에 곱게 간다.

3 볼에 곱게 간 참깨와 나머지 재료를 모두
 담고 골고루 섞는다.

1

2

3

1 아몬드 드레싱 215p

다진 아몬드 3큰술, 두유 6큰술, 꿀 1½작은술, 식초 1½작은술, 소금·후춧가루 약간씩

2 호두 드레싱 73p

다진 호두 1큰술, 두유 1/4컵, 올리브오일 1큰술, 소금·후춧가루 약간씩

3 파슬리 잣 드레싱 55p

다진 이탈리안 파슬리 30g, 곱게 간 잣 2큰술, 다진 마늘 1작은술, 파르미지아노 치즈가루 2큰술, 올리브오일 2큰술, 소금 1작은술

4 고춧가루 드레싱 93p

고춧가루 1큰술, 다진 마늘 1작은술, 간장 2큰술, 참기름 1큰술, 식초 1큰술, 소금 약간

5 코코넛 카레 드레싱 203p

코코넛밀크 1/2컵, 카레가루 1큰술, 다진 마늘 1작은술, 피시소스 1작은술, 닭국물 3큰술, 설탕·소금·후춧가루 약간씩

6 해선장 드레싱 227p

해선장 2큰술, 물 2큰술, 다진 파 2큰술, 레몬즙 1/2큰술, 다진 생강 1/3작은술, 간장 1작은술, 고추기름 1작은술, 통깨·후춧가루 약간씩

7 스테이크소스 드레싱 92p

A1스테이크 소스 3큰술, 다진 마늘 1/2작은술, 씨겨자 2작은술, 올리고당 1/2작은술, 식초 1큰술, 설탕 1작은술

8 굴소스 드레싱 120p

굴소스 1큰술, 다진 청양고추 1큰술, 다진 파 1작은술, 다진 마늘 1작은술, 설탕 1/2큰술, 꿀 1작은술, 청주 2큰술, 올리브오일 1큰술

9 코울슬로 요구르트 드레싱 237p

씨겨자 1/2작은술, 마요네즈 1큰술, 플레인 요구르트 2큰술, 카놀라유 2큰술, 식초 1큰술, 설탕 1작은술, 소금·후춧가루 약간씩

1 코울슬로 드레싱 237p

마요네즈 5큰술, 식초 1½큰술, 설탕 1/2큰술, 소금 1/4작은술, 후춧가루 약간

2 견과 바질 드레싱 157p

올리브오일 1/2컵, 다진 바질 1/2컵, 파슬리가루 1/4컵, 곱게 간 잣 2큰술, 곱게 간 호두 2큰술, 파르미지아노 치즈가루 1큰술, 다진 마늘 1큰술, 화이트와인 비니거 1큰술, 소금 1/2작은술, 후춧가루 약간

3 땅콩 드레싱 90p

피시소스 2큰술, 곱게 간 땅콩 80g, 흑설탕 4큰술, 다진 양파 1큰술, 다진 마늘 2작은술, 레몬즙 2큰술, 간장 2작은술

4 칠리 드레싱 195p

다진 붉은 고추 1½개 분량, 다진 마늘 2작은술, 설탕 2큰술, 라임즙 3큰술, 레몬즙 2큰술, 피시소스 2큰술, 스리라차 칠리소스 2큰술, 다진 고수·소금·후춧가루 약간씩

5 핫소스 칠리 드레싱 165p

칠리소스 2큰술, 핫소스 1작은술, 물 2큰술, 다진 마늘 1큰술, 다진 청양고추 1작은술, 레몬즙 1작은술

6 두반장 칠리 드레싱 88p

두반장 1작은술, 다진 마늘 1작은술, 다진 청양고추 2개 분량, 식초 1작은술, 레몬즙 1작은술, 소금 1/2작은술, 설탕 4큰술, 물 4큰술

7 깐풍 드레싱 89p

다진 홍고추 1큰술, 다진 청양고추 1작은술, 설탕 1큰술, 양조간장 2큰술, 다진 마늘 1/2작은술, 다진 파 2작은술, 식초 1큰술, 포도씨유 2작은술(또는 카놀라유)

8 우메보시 드레싱 105p

다진 우메보시 6개, 다진 양파 1작은술, 식초 2큰술, 맛술 1큰술, 포도씨유 1큰술, 설탕 4작은술, 소금 1/2작은술

9 두부 드레싱 213p

으깬 두부 30g, 레몬즙 2큰술, 올리브오일 1½큰술, 설탕 1큰술, 소금·후춧가루 약간씩

Salad DIY

냉장고 속 재료를 활용한 DIY 샐러드

평범하고 익숙한 냉장고 속 식재료를 활용해 내 맘대로 원하는 샐러드를 만들어 볼까요? 냉동실에 얼려둔 고기나 해산물, 채소 또는 과일을 꺼내 간단히 손질하면 후다닥 샐러드로 변신시킬 수 있어요. 고기, 해물, 채소, 과일, 곡물, 가공식품 등 각 재료를 맛있게 손질하여 샐러드로 만드는 방법을 자세히 알려드릴게요. 따로 장을 보거나 고민할 필요 없이 집에 있는 재료를 활용해 내 입맛에 꼭 맞는 DIY 샐러드를 즐겨보세요.

Salad with

VEGETABLE

채소 재료를 활용한 DIY 샐러드

매일 먹는 익숙한 채소를 활용해 다양한 맛과 모양의 샐러드를 즐겨보세요. 생각보다 쉽고 간편해서 금세 채소 샐러드의 매력에 빠질 거예요. 우선 종류별 채소의 영양과 손질법, 보관법 등을 익히고 다음 페이지에서 알려주는 조리법을 따라 해보세요. 삶고, 굽고, 양념하는 등 다양하게 조리한 뒤에 원하는 드레싱을 곁들이기만 하면 나만의 DIY 샐러드가 완성된답니다. 잘 모르겠다면 바로 뒤에 알려주는 레시피를 그대로 활용하면 더욱 쉬워요.

1 감자

맛이 부드럽고 담백해 다양한 재료와 잘 어울리는 감자는 주성분인 당질 외에 비타민과 칼슘, 칼륨 등이 풍부하다. 껍질이 얇고 모양이 매끈한 것이 좋으며 색이 푸르스름하거나 싹이 난 것은 피한다. 서늘하고 어두운 곳에 보관해야 싹이 나는 것을 막을 수 있다.

3 고구마

달콤한 맛에 누구나 좋아하는 고구마는 껍질에 윤기가 나고 모양이 매끈하며, 단단하고 흠집이 없는 것이 좋다. 껍질을 깎기 전이나 깎자마자 물에 담가 떫은맛을 없애는 것이 좋다.

6 파프리카

단맛이 풍부하고 아삭한 식감이 조리하지 않고 먹기에 좋아 샐러드에 정말 잘 어울리는 재료이다. 색깔이 선명하고 진하며, 모양이 흠집 없이 반듯하며 꼭지가 마르지 않은 것이 좋다.

7 양배추

과일처럼 그대로 먹으면 아삭아삭한 식감이 좋은 양배추는 익힐수록 단맛이 강해지는 특징 덕분에 찌거나 볶아서 먹어도 맛이 좋다. 비타민 U가 풍부해 위궤양이나 위염 등에 좋으며, 노화를 예방하고 신진대사를 원활하게 해주는 효과도 있다. 푸른 겉잎이 그대로 붙어 있고, 들었을 때 묵직한 것이 좋다.

9 버섯

특유의 향과 감칠맛을 지닌 버섯은 쫄깃한 식감이 특징이며, 영양은 풍부하면서도 칼로리는 낮아 누구에게나 잘 맞는 건강식품이다. 종류도 다양하고 맛도 풍부한 버섯을 활용해 건강 샐러드를 즐겨보자.

2 단호박

호박 중에서 미네랄과 비타민의 함량이 가장 높고 달콤한 맛이 좋아 샐러드에 많이 활용된다. 색깔이 고르게 짙고 단단하며 크기에 비해 무거운 것을 고른다.

4 브로콜리

비타민 C가 레몬의 2배에 달하는 비타민 덩어리 브로콜리는 송이가 단단하면서 가운데가 볼록하게 솟아올라 있는 것이 좋다. 줄기의 영양이 송이보다 높으므로 줄기째 요리하는 방법을 익혀 활용하자.

5 콜리플라워

유럽 지중해 연안이 원산지인 콜리플라워는 봉우리가 전체적으로 둥글며 색은 되도록 하얀 것이 좋다. 비타민 C는 물론 비타민 B1, 비타민 B2도 풍부하며 식이섬유 함유량도 많다.

8 양파

특유의 알싸한 맛을 내는 유화알릴 성분과 단맛을 내는 당질이 풍부해 매운맛과 단맛을 모두 지닌 특별한 식재료이다. 껍질에 윤기가 나고 단단한 것이 좋으며, 껍질이 쭈글쭈글한 것은 오래된 것이다.

10 연근 & 우엉

영양이 가득한 뿌리채소 연근과 우엉은 아삭아삭 씹히는 식감이 특별하다. 주로 조림으로 많이 먹는 재료지만 살짝 굽거나 데쳐서 샐러드에 활용해도 잘 어울린다. 껍질을 벗긴 연근과 우엉은 식촛물에 담가두면 변색을 막을 수 있다.

Potato & Sweet Potato DIY Salad

주로 삶아서 곱게 으깨어 샐러드를 만드는 감자와 고구마는 다양한 방법으로 간편하게 조리해서 활용할 수 있어요. 여기에 취향대로 샐러드 채소와 드레싱만 곁들이면 완성이랍니다.

으깬 감자

감자 3개, 마요네즈 1/2컵, 소금
약간

1 감자를 씻어서 4등분 하고 냄비에
담아 잠길 만큼 물을 부어 끓인다.
물이 끓으면 약한 불로 줄여서 뚜껑을
덮고 15분 정도 삶는다.

2 감자가 익으면 건져서 식기 전에 숟
가락으로 으깨고 마요네즈와 소금
을 넣어 섞는다.

프렌치프라이 감자

감자 2개, 올리브오일 2큰술, 소
금·후춧가루 약간씩

1 감자를 깨끗이 씻어서 1cm 두께로
길게 채 썬다.

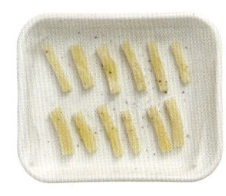

2 채 썬 감자에 소금과 후춧가루, 올
리브오일을 뿌려 버무리고 180℃
오븐에서 10분 정도 굽는다.

삶은 알감자

알감자 20개, 마늘 3쪽, 소금 1
큰술

1 알감자를 씻어 냄비에 담고 물 8컵
과 소금, 마늘을 넣어 끓인다.

2 물이 끓으면 25분 정도 더 푹 삶은
후 체에 밭쳐 물기를 뺀다.

구운 고구마

고구마 2개, 계핏가루 1/2작은
술, 설탕 1작은술, 올리브오일 2
큰술

1 고구마는 깨끗이 씻어 껍질째 큼직
하게 자르고 냄비에 고구마가 잠길
정도의 물을 붓고 20분 정도 삶는다.
고구마가 익으면 건져서 물기를 뺀다.

2 달군 팬에 올리브오일을 두르고 삶
은 고구마를 올려 앞뒤로 굽는다.
마지막에 설탕과 계핏가루를 뿌린다.

단호박과 뿌리채소는 별다른 양념 없이 소금과 굵은 후춧가루, 치즈 등을 살짝 곁들여 익히기만 해도 근사한 샐러드가 됩니다. 취향에 뜨라 드레싱만 달리해서 원하는 샐러드를 만들어보세요.

Pumpkin & Root Vegetables DIY Salad

크림치즈 단호박

단호박 1/4개, 크림치즈 50g, 우유 1~2큰술, 소금·후춧가루 약간씩

1 단호박은 속을 긁어내고 끓는 물에 30분 정도 삶는다.

2 삶은 단호박이 따뜻할 때 크림치즈를 넣고 섞은 뒤 우유를 넣어 농도를 조절한다. 소금과 후춧가루로 간한다.

단호박 구이

단호박 1/4개, 올리브오일 2큰술, 허브가루·소금·후춧가루 약간씩

1 단호박은 껍질을 깨끗이 씻고 씨를 긁어낸 뒤 반달 모양으로 얇게 슬라이스 한다.

2 오븐 팬에 유산지를 깔고 자른 단호박을 올린 뒤 올리브오일을 바르고 허브가루와 소금, 후춧가루를 뿌리고 180℃ 오븐에서 25분 정도 굽는다.

단호박 찜

단호박 1/4개

1 단호박은 껍질을 깨끗이 씻고 씨를 긁어낸다.

2 찜통에 물을 붓고 찜기에 면보를 깐 뒤 썬 단호박 넣어 푹 찐다.

뿌리채소 구이

단호박 1/4개, 고구마 1개, 콜리플라워 1/2개, 연근 1/2개, 타임 2~3줄기, 올리브오일 1큰술

1 단호박, 고구마, 콜리플라워는 깨끗이 씻어 한입 크기로 듬성듬성 썬다. 연근은 필러로 껍질을 벗겨 0.5cm 두께로 슬라이스 한다.

2 오븐 팬에 유산지를 깔고 준비한 채소를 담은 뒤 올리브오일, 소금, 후춧가루를 골고루 뿌리고 그 위에 타임을 줄기째 올려 180℃ 오븐에서 20분 정도 굽는다.

Broccoli & Paprika
DIY Salad

 브로콜리와 파프리카는 있는 그
대로의 맛과 모양이 뛰어나 간편
하게 활용하기 좋아요. 최대한
모양을 살려서 썰고 본래의 맛을
살리는 다음 조리법을 따라해 건
강한 샐러드로 즐겨보세요.

삶은 브로콜리

브로콜리 1송이, 소금 2큰술, 올리브오일 1큰술, 로즈메리 1줄기

1 브로콜리는 씻어서 줄기 부분의 껍질을 한 겹 벗겨 길쭉하게 썬다.

2 냄비에 물과 소금, 올리브오일, 로즈메리를 넣고 끓인 후 브로콜리의 줄기 부분을 끓는 물에 넣고 2분간 삶는다. 브로콜리 전체를 물속에 넣고 다시 2분간 더 삶는다.

콜리플라워 구이

콜리플라워 1송이, 다진 양파 2큰술, 다진 호두 2큰술, 카레가루 1작은술, 파프리카 시즈닝 1작은술, 올리브오일 2큰술, 소금 1작은술, 후춧가루 약간

1 콜리플라워는 한입 크기로 잘라 유산지를 깐 오븐 팬에 담고 올리브오일과 카레가루, 파프리카 시즈닝을 뿌려 190℃ 오븐에서 10분 정도 굽는다. 다 익으면 소금을 뿌리고 식힌다.

2 구운 콜리플라워에 다진 호두와 다진 양파, 후춧가루를 넣고 골고루 버무린다.

파프리카 썰기

파프리카 2개

1 파프리카는 깨끗이 씻어 꼭지를 제거하고 반으로 잘라 씨를 모두 도려낸다.

2 원하는 모양에 맞게 자른다. 작은 미니 파프리카는 그대로 썰어 링 모양을 살린다.

파프리카 구이

파프리카 2개, 올리브오일 3큰술, 소금·후춧가루 약간씩

1 파프리카는 집게로 잡거나 젓가락으로 찔러 가스레인지 위에서 직화로 7분간 껍질을 검게 태운다.

2 파프리카를 볼에 담고 랩을 덮어 한김 식힌 후 껍질을 벗긴다. 파프리카를 반 썰어 씨를 제거하고 0.5cm 폭으로 길게 채 썰어 올리브오일, 소금, 후춧가루로 버무린다.

Cabbage & Mushroom
DIY Salad

씹을수록 달콤한 맛이 나서 주로 생으로 썰어서 활용하는 양배추는 삶거나 구워서 다른 맛으로 즐겨도 좋아요. 버섯은 그릴 팬에 모양내 굽기만 해도 특별한 샐러드가 됩니다.

양배추 썰기

양배추 1/4통

1 양배추는 가장 바깥의 녹색 껍질을 벗긴 뒤 깨끗이 씻어 얇게 채 썬다.

2 채 썬 양배추는 얼음물에 담가두었다가 먹기 직전에 물기를 완전히 뺀다.

삶은 양배추

양배추 1/4통, 소금 약간

1 양배추는 가장 바깥의 녹색 껍질을 벗긴 뒤 깨끗이 씻고, 끓는 물에 소금과 함께 넣어 삶는다.

2 삶은 양배추는 먹기 좋게 썬다.

양배추 구이

양배추 1/4통, 올리브오일 2큰술, 다진 마늘 1작은술, 파슬리가루 1큰술, 소금 1/2작은술, 후춧가루 약간

1 양배추는 가장 바깥의 녹색 껍질을 벗긴 뒤 깨끗이 씻어 길게 썬다.

2 오븐 팬에 유산지를 깔고 양배추를 올린 뒤 올리브오일, 다진 마늘, 파슬리가루, 소금, 후춧가루를 섞어 양배추에 뿌린다. 180℃ 오븐에서 25분 정도 굽는다.

버섯 구이

새송이버섯 3개, 양송이버섯 5개, 표고버섯 4개, 올리브오일 2큰술, 소금·후춧가루 약간씩

1 새송이버섯은 얇고 길쭉하게 썰고 양송이버섯은 4등분으로 썬다. 표고버섯은 기둥 끝의 딱딱한 부분을 떼고 네 쪽으로 썬다.

2 달군 팬에 올리브오일을 두르고 버섯이 겹치지 않게 올린 뒤 소금, 후춧가루를 뿌려 앞뒤로 골고루 굽는다.

Onion
DIY Salad

양파는 샐러드의 주재료로 잘 활용하지 않지만, 조금만 다르게 조리하면 양파만으로도 완벽한 샐러드를 만들 수 있어요. 양파를 살짝 조리해 드레싱만 끼얹어내도 되고, 잎채소를 곁들여도 좋아요.

채 썬 양파

양파 1개

1 양파는 껍질을 벗겨 깨끗이 씻어 얇게 채 썬다.

2 채 썬 양파를 물에 넣고 손으로 비벼 씻어 매운맛을 없앤다.

발사믹소스 양파 절임

양파 2개, 마늘 4쪽, 발사믹식초 4큰술, 올리브오일 4큰술, 소금 1작은술, 후춧가루 적당량

1 양파는 반으로 잘라 1cm 두께의 링 모양으로 썰고, 마늘은 저며 썬다. 팬에 올리브오일을 두르고 마늘을 볶다가 양파와 소금, 후춧가루를 넣고 연한 갈색이 날 때까지 볶는다.

2 양파의 숨이 죽으면 발사믹식초를 넣고 볶는다. 식초의 시큼한 향이 날아가고 양파에 윤기가 돌면 불을 끄고 식힌다.

어니언 링 튀김

양파 2개, 달걀 2개, 빵가루 1/2컵, 튀김가루 1/2컵, 소금·후춧가루 약간씩, 식용유 적당량

1 양파는 링 모양을 살려 1cm 두께로 썬다. 튀김가루, 빵가루는 각각 접시에 펼치고, 달걀은 소금, 후춧가루를 넣어 곱게 푼다. 링으로 썬 양파에 튀김가루, 푼 달걀, 빵가루 순으로 튀김옷을 입힌다.

2 식용유를 170~180℃ 정도로 끓인 뒤 튀김옷을 입힌 양파를 넣고 2번 정도 바삭하게 튀긴다.

ingredient
크림치즈 단호박 1컵(43p)
베이컨 1장
셀러리 2줄기
당근 1/2개

부드럽게 익힌 단호박에 고소한 크림치즈를 섞어 만든 크림치즈 단호박을 활용한
아이디어 샐러드예요. 집에 있는 채소를 스틱 모양으로 썰어서 곁들이면 완성입니다.

1 크림치즈 단호박을 준비한다.

2 베이컨은 달군 팬에 올려 바삭하게 굽고 식으면 잘게 다진다.

3 셀러리는 깨끗이 씻어 줄기의 껍질을 벗긴 후 5cm 길이로 자른다.

4 당근은 껍질을 벗겨 깨끗이 씻고 셀러리와 같은 길이와 모양으로 길고 얇게 썬다.

5 컵에 크림치즈 단호박을 담고 베이컨을 뿌린 뒤 셀러리와 당근 스틱을 곁들인다.

Cream Cheese Sweet Pumpkin Salad
크림치즈
단호박 샐러드

Brussels Sprouts Salad
브뤼셀 스프라우트 샐러드

브뤼셀 스프라우트는 벨기에 브뤼셀 지방에서 재배되어오다가 전세계에 보급된
앙증맞은 모양의 미니 양배추예요. 크기는 작지만 맛과 영양은 일품이랍니다.

ingredient
브뤼셀 스프라우트 20개, 버터 2큰술, 피칸과 캐슈너트 1/4컵, 물 1/2컵, 소금·후춧가루 약간씩
베이컨 발사믹 드레싱
올리브오일 1/2컵, 다진 베이컨 1큰술, 발사믹식초 1큰술, 디종 머스터드 1/2작은술, 다진 마늘 1/2작은
술, 허브가루 약간

1 브뤼셀 스프라우트는 겉껍질을 벗겨 깨끗하게 씻고, 크기가 큰 것은 이등분 한다.

2 냄비에 물과 소금 1/2작은술을 넣고 끓으면 브뤼셀 스프라우트를 넣어 부드러워질 때까
지 10분 정도 끓인다.

3 달군 팬에 버터를 녹여 피칸과 캐슈너트를 넣고 볶다가 삶은 브뤼셀 스프라우트와 삶은
물을 3큰술 정도 넣고 소금, 후춧가루를 넣어 볶는다.

4 분량의 재료를 섞어 만든 베이컨 발사믹 드레싱을 곁들여낸다.

2

3

ingredient
양파 1개
토마토 2개
셀러리 1/2줄기
가츠오부시 1/4컵
통깨 약간

유자 간장 드레싱
올리브오일 5큰술
간장 4큰술
유자청 1큰술
레몬즙 1큰술
생강즙 1작은술

향긋한 생 양파에 토마토를 넣어 만든 건강 샐러드예요.
짭조름한 간장 드레싱과 가츠오부시를 곁들여 감칠맛을 살렸답니다.

1 양파는 껍질을 벗겨 씻어 얇게 채 썬 뒤 찬물에 담가 매운맛을 뺀다.

2 토마토는 씻어서 사방 1.5cm 크기로 네모지게 썰고, 셀러리는 깨끗이 씻어 줄기의 껍질을
벗긴 후 얇게 송송 썬다.

3 접시에 토마토와 채 썬 양파, 셀러리를 담고 분량의 재료를 섞어 만든 유자 간장 드레싱과
통깨를 뿌린다.

Onion Salad
양파 샐러드

새콤하게 절인 발사믹 양파는 다양한 요리에 곁들이기에 좋아요.
구운 주키니 호박과 함께 담아서 간단 샐러드로 준비해보세요.

1 발사믹 양파 절임을 준비한다.

2 주키니 호박은 깨끗이 씻어서 얇게 슬라이스 하고 기름을 두른 팬에 올려 앞뒤로 노릇하게 굽는다.

3 접시에 구운 주키니 호박과 발사믹 양파 절임을 담고 분량의 재료를 섞어 만든 발사믹 오일 드레싱을 뿌려낸다.

Balsamic Onion Salad

발사믹 양파 샐러드

ingredient

버섯 구이 250g(47p)
올리브오일 1큰술
타임 3줄기
소금·후춧가루 약간씩

안초비 오일 드레싱

올리브오일 5큰술
다진 안초비 10g
다진 양파 1큰술
다진 마늘 1큰술
식초 4큰술
소금 2/3작은술
후춧가루 약간

쫄깃하게 구운 버섯을 허브오일에 재워 만든 완벽한 건강 샐러드예요.
안초비 오일 드레싱으로 감칠맛을 더했답니다.

1 버섯구이를 준비한다.

2 분량의 재료를 섞어 안초비 오일 드레싱을 만든다.

3 허브오일에 구운 버섯을 넣고 골고루 버무려 접시에 담고 분량의 재료를 섞어 만든 안초비
　오일 드레싱을 곁들여낸다.

Hurb Oil Mushroom Salad

허브오일 버섯 샐러드

ingredient

뿌리채소 구이 100g(43p)

파슬리 잣 드레싱
곱게 간 잣 2큰술
파슬리가루 30g
다진 마늘 1작은술
소금 1작은술
파르미지아노 치즈가루 1/2컵
올리브오일 2큰술

오븐에 구운 다양한 뿌리채소는 그냥 먹어도 맛이 좋지만 고소한 파슬리 잣 드레싱에
버무리면 더욱 먹음직스러운 샐러드로 재탄생된답니다.

1 구운 뿌리채소를 준비한다.
2 분량의 재료를 섞어 파슬리 잣 드레싱을 만들고 구운 뿌리채소에 곁들여낸다.

Root Vegetables Salad
뿌리채소 샐러드

Lettuce Salad
레터스 샐러드

양상추를 큼직하게 썰어 접시에 담고 바삭하게 구운 베이컨과 부드럽고 고소한
크림치즈 드레싱을 끼얹으면 끝! 근사한 모양과 맛까지 챙겨보세요.

ingredient
양상추 1/2개, 베이컨 2줄, 구운 아몬드 10알
크림치즈 드레싱
크림치즈 1큰술, 플레인 요구르트 3큰술, 레몬즙 1큰술, 올리브오일 1큰술, 설탕 2작은술

<u>1</u> 양상추는 반으로 썰어 얼음물에 담가 놓는다. 먹기 전 다시 반으로 썰어 물기를 뺀다.

<u>2</u> 베이컨을 달군 팬에 올려 바삭하게 굽고 식으면 작게 썬다.

<u>3</u> 아몬드는 작게 다진다.

<u>4</u> 접시에 양상추를 올리고 분량의 재료를 섞어 만든 크림치즈 드레싱을 뿌린 뒤 베이컨과
아몬드를 뿌린다.

ingredient
브로콜리 1송이
소금 3큰술
올리브오일 1큰술
로즈메리 1줄기
레몬 1/2개

너트 오일 드레싱
올리브오일 3큰술
으깬 호두 20g
다진 아몬드 15g
다진 안초비 2~3마리

평소 자주 먹는 브로콜리는 사실 꽃봉오리 부분보다 줄기 부분에 더욱 풍부한 영양이 담겨 있어요. 줄기까지 길게 잘라 요리하면 줄기의 아삭하고 시원한 맛을 함께 느낄 수 있답니다.

1 브로콜리는 씻어서 줄기 부분의 껍질을 한 겹 벗긴 뒤 길쭉하게 썬다.

2 냄비에 물과 소금, 올리브오일. 로즈메리를 넣고 끓인 후 브로콜리의 줄기 부분을 끓는 물에 넣고 2분간 삶는다. 브로콜리 전체를 물속에 넣고 다시 2분간 더 삶는다.

3 삶은 브로콜리를 접시에 담고 분량의 재료를 섞어 만든 너트 오일 드레싱을 끼얹은 뒤 레몬을 곁들여낸다.

Broccoli Salad
브로콜리 샐러드

ingredient

으깬 감자 100g(41p)

햄 30g

달걀 2개

오이 1/2개

양파 1/4개

마요네즈 2큰술

소금 약간

포슬포슬한 감자를 부드럽게 으깨고 아삭한 오이와 고소한 삶은 달걀을 섞어
마요네즈로 버무리면 깔끔하면서도 든든한 감자 샐러드가 완성됩니다.

1 으깬 감자를 준비한다.

2 햄은 사방 1cm 크기로 네모지게 썰고, 양파는 작게 다진다. 오이는 얇게 슬라이스 해서 소
금에 잠시 절인 뒤 찬물에 헹궈 물기를 꼭 짠다.

3 달걀은 끓는 물에 10분 정도 삶아 껍질을 벗겨 큼직하게 다진다.

4 으깬 감자와 손질한 모든 재료를 마요네즈로 버무려 그릇에 담는다.

Potato Salad
감자 샐러드

Onion Ring Salad
어니언 링 샐러드

튀김옷을 입혀 바삭하게 튀긴 양파링은 매운맛은 사라지고 달콤함은 살아나
누구나 좋아하는 요리랍니다. 다양한 채소와 고소한 타르타르 드레싱을 곁들여
샐러드로 즐겨보세요.

ingredient
어니언 링 튀김 6개(49p), 양상추 100g, 라디치오 50g

타르타르 드레싱
마요네즈 1/2컵, 으깬 삶은 달걀 1/2개, 다진 양파 1큰술, 다진 피클 1큰술, 파슬리가루 1/2큰술, 후춧가루·레몬즙 약간씩

<u>1</u> 어니언 링 튀김을 준비한다.

<u>2</u> 양상추는 씻어서 물기를 빼고 먹기 좋은 크기로 썬다.

<u>3</u> 라디치오도 씻어서 물기를 빼고 먹기 좋은 크기로 썬다.

<u>4</u> 접시에 양상추와 라디치오를 담고 어니언 링 튀김을 올린 다음 분량의 재료를 섞어 만든 타르타르 드레싱을 뿌린다.

\# 토마토 파인애플 드레싱(28p)을 활용해도 좋아요.

2

4

FRUIT

과일 재료를 활용한 DIY 샐러드

과일을 꼬박꼬박 챙겨 먹는다면 값비싼 영양제가
따로 필요 없어요. 신선한 과일을 그대로 먹어도 좋
지만 익히거나 새롭게 조리해서 영양을 더 높일 수
도 있어요. 과일마다의 특징과 조리법을 익히고 샐
러드로 즐기는 방법을 배워보세요.

1 딸기

비타민 C가 풍부하고 당도가 높아 새콤달콤한 맛이 특징이다. 붉은색이 선명하고 표면에 윤기가 나며 꼭지가 싱싱한 것이 좋다. 가열하지 않고 그대로 먹는 것이 가장 좋으며, 제철에 넉넉히 구입해 콤포트를 만들어 보관하면 3~4개월 정도 두고 먹을 수 있다.

3 토마토

비타민 A와 칼륨이 풍부하며 활성산소를 억제하는 리코펜 성분이 가득해 슈퍼 푸드라고 불리는 과일이다. 전체적으로 색이 고르며 모양이 둥글고 묵직한 것이 좋다.

2 사과

아삭한 식감과 새콤한 맛이 특징이며 식이섬유가 풍부해 장의 활동을 돕는다. 껍질에 상처가 없고 꼭지 단면이 신선할수록 좋다. 종이나 비닐로 싸서 냉장고나 서늘하고 그늘진 곳에 보관한다.

5 시트러스

오돌토돌한 껍질과 신맛이 특징이며 귤, 오렌지, 레몬, 자몽, 한라봉 등이 시트러스 과일에 속한다. 새콤한 맛과 상큼한 향이 좋아 샐러드는 물론 다양한 요리에 활용하기 좋다. 비타민 C가 풍부해 감기를 예방하는 효과도 있다.

4 멜론

풍부한 향과 강한 단맛을 지닌 멜론은 수분이 풍부하고 과육이 부드러워 그대로 먹어도 좋고 샐러드나 디저트를 만들어도 잘 어울린다. 무게감이 있고 그물무늬가 선명한 것이 좋다.

7 바나나

달콤한 맛과 부드러운 식감이 특징이며, 먹기가 간편하고 열량이 높아 바쁜 아침에 식사대용으로도 좋다. 껍질의 노란색이 진하고 상처가 없으며 줄기의 잘린 단면이 신선한 것이 좋다. 갈색 반점이 생기기 시작할 때가 가장 맛있다.

6 망고

당도가 높고 식감이 부드러운 망고는 그대로 샐러드에 넣거나 곱게 갈아 드레싱을 만들어도 잘 어울린다. 껍질에 상처가 없고 매끄러우며 광이 나는 것이 맛있다.

새콤한 딸기와 달콤한 바나나는 생생할 때 바로 썰어서
잎채소와 곁들이고, 맛이 깔끔한 오일 드레싱이나 부드러
운 크림 드레싱을 끼얹어내면 완벽한 샐러드가 됩니다.
상하기 쉬운 딸기는 제철에 넉넉히 준비해 콤포트를 만들
고, 색이 변한 바나나는 설탕을 뿌려 살짝 구우면 좋아요.

Strawberry & Banana
DIY Salad

딸기 썰기

딸기 100g

1 딸기는 체에 밭쳐 흐르는 물에 깨끗이 씻는다.

2 물기가 빠지면 꼭지를 자르고 반으로 썬다. 큰 것은 4등분 한다.

딸기 콤포트

딸기 200g, 설탕 100g, 레몬즙 2큰술, 바닐라에센스 1/2작은술

1 딸기는 씻어서 꼭지를 자르고 반은 그대로 두고 반은 작게 썬다.

2 냄비에 작게 썬 딸기와 설탕, 레몬즙을 넣고 중간 불로 조린다. 양이 반으로 줄면 남은 딸기와 바닐라에센스를 넣고 농도가 걸쭉해질 때까지 조린다. 완성되면 불을 끄고 소독한 유리병에 담아 보관한다.

바나나 썰기

바나나 2개, 레몬즙 2큰술

1 바나나는 껍질 벗겨 둥근 모양을 살려 도톰하게 슬라이스 한다.

2 썬 바나나는 레몬즙에 담가 갈변을 막는다.

구운 바나나

바나나 2개, 설탕 1작은술

1 바나나는 껍질을 벗겨 큼직하게 썬다.

2 팬을 중간 불로 달군 뒤 썬 바나나를 올리고 설탕을 뿌려 앞뒤로 굽는다.

Apple
DIY Salad

사과는 보기 좋게 썰어서 샐러드 채소에 곁들이거나, 요구르트에 살짝 버무려내면 바쁜 아침에 먹기 좋은 샐러드가 된답니다. 버터에 볶거나 시럽에 조려 달콤한 맛이 진한 샐러드로 즐겨도 좋아요.

사과 썰기

사과 1개, 설탕물 1컵

1 사과는 씻어서 껍질째 반달 모양으로 슬라이스 하거나 곱게 채 썬다. 또는 2.5cm 크기로 깍둑썰기 한다.

2 썬 사과는 설탕물에 담가 갈변을 막는다.

허니 버터 사과

사과 1개, 버터 1큰술, 꿀 1큰술, 메이플시럽 1큰술, 계핏가루 1작은술

1 사과는 씻어서 웨지 모양으로 도톰하게 썬다.

2 달군 팬에 버터를 녹이고 썬 사과를 올려 앞뒤로 살짝 구운 뒤 꿀과 메이플시럽을 골고루 입혀 익힌다. 마지막에 계핏가루를 뿌린다.

사과 조림

사과 1개, 설탕 50g 레몬즙 1큰술

1 사과는 씻어 껍질을 벗기고 1cm 크기로 깍둑썰기 한다.

2 팬에 썬 사과와 설탕을 넣고 볶는다. 물기가 사라질 때까지 조리다가 레몬즙을 끼얹고 조금 더 조린다.

Tomato
DIY Salad

그대로 드레싱만 끼얹어내도 샐러드가 되는 토마토는 콩 카세하여 달콤하게 마리네이드해두면 오래 두고 채소와 함께 즐길 수 있어요. 오븐에 구운 썬드라이 토마토는 고기 재료와 찰떡궁합이랍니다.

토마토 썰기

토마토 2개

1 토마토 꼭지가 위로 보이게 놓고 가로로 반 썬다.

2 작은 숟가락으로 토마토 씨를 모두 긁어내고 적당한 크기로 썬다.

방울 토마토 콩카세

방울토마토 20개

1 방울토마토는 꼭지를 떼고 깨끗이 씻은 뒤 꼭지 반대편에 십자 모양의 칼집을 낸다.

2 칼집 낸 방울토마토를 끓는 물에 10초 정도 데친 뒤 찬물에 헹구고 겉껍질을 한 겹 벗겨낸다.

썬드라이 토마토

방울토마토 20알, 올리브오일 적당량, 소금 약간

1 방울토마토는 꼭지를 떼고 깨끗이 씻어 반으로 썰고 씨가 위로 오도록 오븐 팬에 가지런히 담는다.

2 방울토마토 위에 올리브오일과 소금을 약간씩 뿌린 다음 100℃ 오븐에서 1시간 정도 굽는다.

Citrus & Melon DIY Salad

색감이 화려한 시트러스 과일은 푸른색 잎채소와 특히 잘 어울려요. 설탕에 절여서 두고두고 채소에 곁들여 먹어도 좋고, 좀 더 숙성되면 불에 조려서 구운 고기에 곁들여도 잘 어울려요. 멜론은 작은 스쿠프를 사용해 둥글게 모양내 활용하면 더욱 먹음직스럽답니다.

시트러스 썰기

오렌지 1개

1 오렌지는 꼭지 부분과 바닥을 도려 낸 뒤 바닥에 세우고 가장자리를 껍질을 돌려가며 잘라낸다.

2 껍질 벗긴 오렌지를 바닥에 세운 채 속껍질 사이에 칼집을 넣어 과육만 도려낸다.

귤청

귤 6개, 설탕 100g, 올리고당 100g, 계핏가루 1작은술, 베이킹소다 적당량

1 귤은 베이킹소다로 문질러 깨끗이 씻은 뒤 껍질째 얇게 슬라이스 한다.

2 ①에 설탕과 계핏가루를 버무린 뒤 소독한 유리병에 담고 올리고당을 부어 1주일 정도 숙성시킨 뒤 국물만 따로 걸러내고 먹는다.

시트러스 절임

오렌지 1개, 한라봉 1개, 설탕 200g, 베이킹소다 적당량

1 오렌지와 한라봉은 베이킹소다로 문질러 깨끗이 씻은 뒤 얇게 슬라이스 한다.

2 소독한 유리병에 ①과 설탕을 켜켜이 쌓아 담는다. 반나절 정도 실온에 보관한 뒤 설탕이 녹으면 일주일 정도 냉장고에서 숙성시킨다.

멜론 썰기

멜론 적당량

1 멜론을 반 자른 뒤 다시 3등분으로 썬다.

2 스쿠프로 과육만 둥글게 파내 그릇에 담는다.

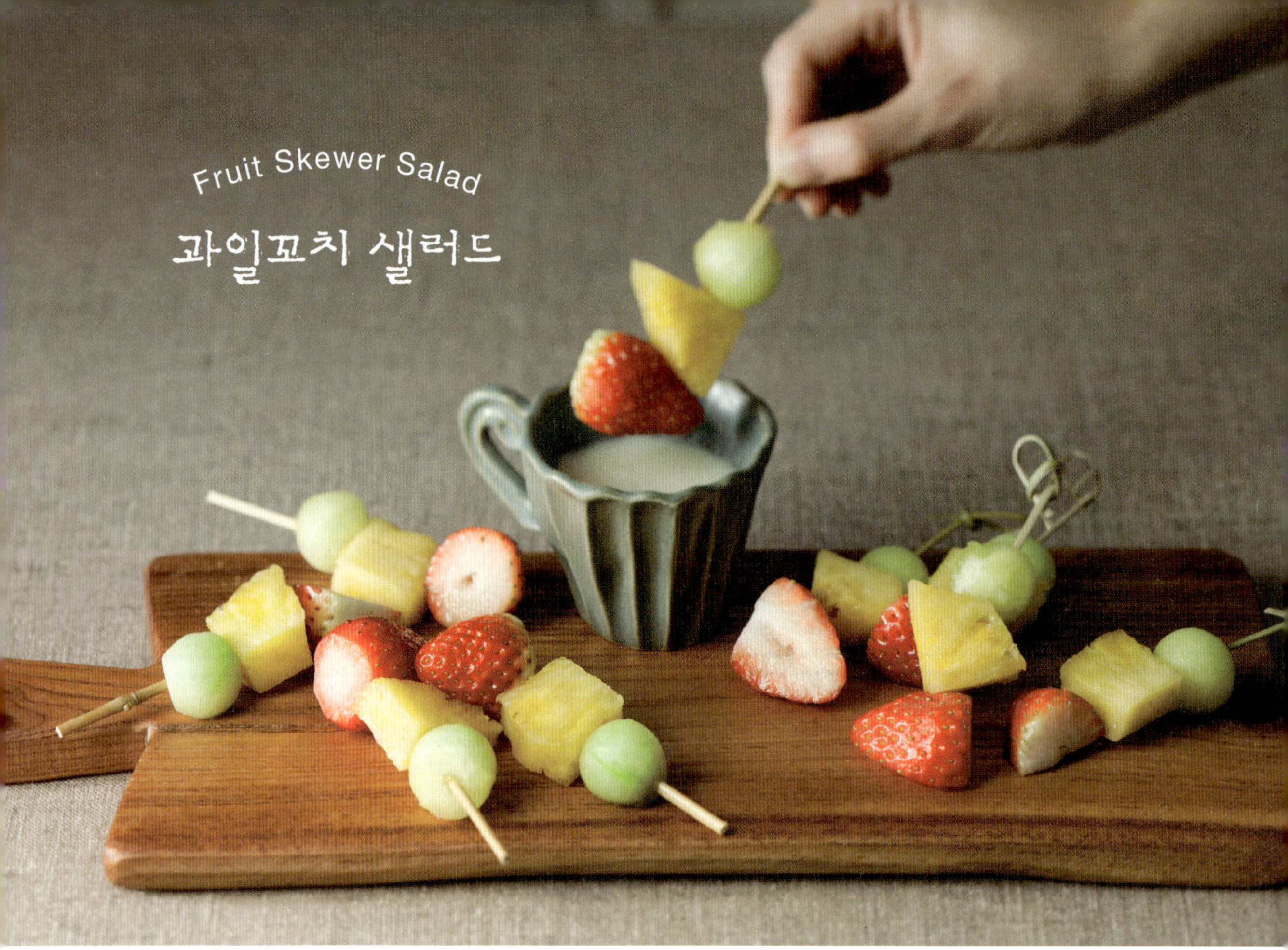

Fruit Skewer Salad
과일꼬치 샐러드

같은 과일이라도 깎는 모양을 조금 달리하거나 화려한 색깔을 활용하면
훨씬 스타일리시하게 즐길 수 있어요. 언제 내놓아도 사랑받는 과일꼬치를 만들어보세요.

ingredient
딸기 10개, 멜론 1/4개, 파인애플 1/4개

파인애플 요구르트 드레싱
곱게 간 파인애플 3큰술, 플레인 요구르트 85g, 꿀 1큰술, 레몬즙 1큰술

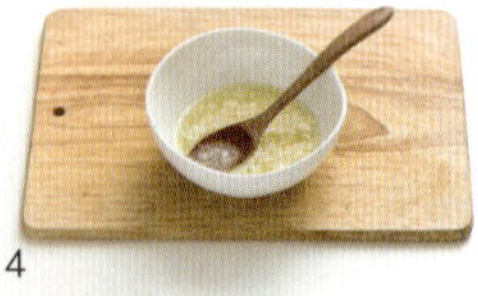

1 딸기는 씻어 꼭지를 자르고, 파인애플은 사방 2cm 크기로 네모지게 썬다.

2 멜론은 수쿠프를 이용해 동그랗게 푼다.

3 꼬치에 멜론, 딸기, 파인애플을 하나씩 꽂아 과일꼬치를 만든다.

4 분량의 재료를 섞어 파인애플 요구르트 드레싱을 만들어 과일꼬치에 곁들여낸다.

블루베리 요구르트 드레싱(29p)으로 바꿔도 잘 어울려요.

한라봉 2개
로메인 100g
건포도 1큰술
파르미지아노 치즈가루 약간

오렌지 드레싱

오렌지즙 2큰술
레몬즙 2큰술
다진 양파 1작은술
포도씨유 1큰술
설탕 1큰술, 소금 2/3작은술

향이 좋고 당도가 높은 한라봉을 큼직큼직하게 손질해 고소한 로메인과 담아보세요.
로메인이 없을 때는 다른 샐러드 채소를 활용해도 좋아요.

1 로메인은 씻어서 한입 크기로 자르고 한라봉은 껍질 벗겨 한 조각씩 뗀다.

2 분량의 재료를 섞어 오렌지 드레싱을 만든다.

3 접시에 로메인과 한라봉을 담고 건포도를 올린 뒤 드레싱을 뿌리고 파르미지아노 치즈가
루를 뿌려준다.

Hanrabong Romaine Salad
한라봉 로메인 샐러드

Apple Walnut Salad

사과 호두 샐러드

허니 버터 사과 샐러드 Honey Apple Salad

달콤한 꿀과 고소한 버터를 입혀 구운 허니 버터 사과에 식감이 좋은
호두 드레싱을 곁들였어요. 기분까지 좋아지는 달콤한 샐러드랍니다.

ingredient
허니 버터 사과 1개(65p), 어린잎 채소 50g, 양상추 50g, 브레드 스틱 2조각(131p), 파르미지아노 치즈가루 약간
호두 드레싱
두유 1/4컵, 다진 호두 1큰술, 올리브오일 1큰술, 소금·후춧가루 약간씩

1 허니 버터 사과를 준비한다.

2 어린잎 채소는 씻어서 물기를 빼고, 양상추도 씻은 후 물기를 빼고 한입 크기로 썬다.

3 분량의 재료를 섞어 호두 드레싱을 만든다.

4 접시에 허니 버터 사과와 샐러드 채소, 브레드 스틱을 담고 드레싱을 끼얹은 뒤 파르마지아
노 치즈가루를 뿌린다.

사과 호두 샐러드 Apple Walnut Salad

달콤한 사과와 고소한 호두에 아삭한 셀러리를 곁들인 샐러드입니다.
집에 있는 간편한 재료로 특별한 느낌을 살려보세요.

ingredient
사과 1개, 호두 10알, 셀러리 20cm
요구르트 크림 드레싱
플레인 요구르트 3큰술, 마요네즈 2큰술, 다진 양파 1/2큰술, 레몬즙 1작은술, 소금 약간

1 사과는 4등분 하여 가운데 씨를 제거한 뒤 얇게 슬라이스 한다.

2 셀러리는 겉의 질긴 섬유질을 한 겹 벗겨내고 송송 썬다.

3 호두는 마른 팬에 구워 손으로 적당히 자른다.

4 접시에 사과와 셀러리, 호두를 담고 분량의 재료를 섞어 만든 요구르트 크림 드레싱을 끼
얹는다.

Grapefruit Spring Greens Salad

자몽 봄나물 샐러드

비타민 C가 풍부한 자몽에 제철 봄나물을 곁들여 만든 색다른 샐러드예요.
고소한 참기름 드레싱으로 버무린 자몽과 봄나물이 입맛을 돋운답니다.

ingredient
자몽 1개, 봄나물 100g
참기름 드레싱
참기름 2큰술, 레몬즙 1큰술, 소금·후춧가루 약간씩

<u>1</u> 자몽은 양 끝을 자르고 가장자리의 껍질을 칼로 벗기고 과육만 도려낸다.

<u>2</u> 봄나물은 씻어서 먹기 좋은 크기로 썬다.

<u>3</u> 볼에 자몽과 봄나물을 넣고 드레싱을 뿌려 버무린다.

Banana Yogurt Salad

바나나 요구르트
샐러드

바쁜 아침 한 끼 식사로 좋은 든든한 샐러드예요.
1분만에 뚝딱 만들면서도 맛과 영양도 함께 챙길 수 있어 좋아요.

ingredient
바나나 2개, 시리얼 1/2컵, 말린 크렌베리 2큰술, 아몬드 슬라이스 1큰술

메이플 요구르트 드레싱
플레인 요구르트 80g, 메이플시럽 1큰술, 레드와인 비니거 1큰술, 씨겨자 1큰술, 레몬즙 1작은술, 레몬
제스트 1큰술, 다진 파슬리 1큰술, 소금·후춧가루 약간씩

1 바나나는 껍질을 벗기고 둥근 모양을 살려 도톰하게 썬다.

2 분량의 재료를 섞어 메이플 요구르트 드레싱을 만든다.

3 바나나를 드레싱으로 버무린 뒤 그릇에 담고 시리얼과 말린 크렌베리, 아몬드 슬라이스
　를 뿌린다.

1

2

ingredient
딸기 콤포트 100g(63p)
로메인 150g

딸기 요구르트 드레싱
곱게 간 딸기 4개 분량
플레인 요구르트 85g
꿀 1큰술
레몬즙 1큰술

딸기가 제철일 때, 콤포트를 넉넉히 만들어 다양한 요리에 활용해보세요.
샐러드 채소와 빵을 곁들이면 한 끼 식사로도 충분하답니다.

<u>1</u> 딸기 콤포트를 준비한다.

<u>2</u> 로메인은 깨끗이 씻어 한입 크기로 자른다.

<u>3</u> 접시에 로메인을 담고 딸기 콤포트를 듬뿍 올린 뒤 분량의 재료를 섞어 만든 딸기 요구르트 드레싱을 곁들여낸다.

Strawberry Compote Salad
딸기 콤포트 샐러드

Small Tomato Salad

방울토마토 샐러드

살짝 익힌 방울토마토의 껍질을 벗겨 부드럽게 즐기는 샐러드예요.
달콤한 드레싱에 버무려 시원하게 먹으면 여름 샐러드로 일품이랍니다.

ingredient
방울토마토 콩카세 20개(67p), 그린빈 10줄기, 로메인 또는 상추 100g, 소금·후춧가루 약간씩

허니 발사믹 드레싱
올리브오일 2큰술, 발사믹식초 1큰술, 꿀 1/2작은술, 소금·후춧가루 약간씩

<u>1</u> 방울토마토 콩카세를 준비한다.

<u>2</u> 끓는 물에 소금을 약간 넣고 그린빈을 살짝 데쳐 찬물에 헹군 뒤 먹기 좋게 썬다.

<u>3</u> 로메인은 씻어서 물기를 제거하고 한입 크기로 썬다.

<u>4</u> 볼에 로메인과 방울토마토 콩카세, 그린빈을 담고 분량의 재료를 섞어 만든 허니 발사
믹 드레싱으로 살살 버무려 그릇에 담는다.

1

4

MEAT

고기 재료를 활용한 DIY 샐러드

냉장고 속 남은 고기를 간편히 조리하여 샐러드
채소와 드레싱만 곁들이면 근사한 샐러드가 완성
된답니다. 어떤 고기의 어느 부위든 상관없어요.
고기마다의 특징과 조리법을 소개하고 조리한 고
기를 활용하여 후다닥 만들 수 있는 샐러드 레시
피를 알려드립니다.

1 닭가슴살

닭의 가슴을 뒤덮고 있는 부위로 뼈 없이 살코기로만 이루어져 있다. 살이 탱탱하여 탄력이 넘치고 선홍색을 띠며 윤기가 흐르는 것이 좋다. 닭가슴살은 지방이 적은 대신 단백질이 풍부하며 필수 아미노산이 소고기보다 많다. 양질의 단백질을 섭취하면서도 칼로리는 높지 않아 다이어트에 특히 좋은 식품이다.

3 닭안심

닭가슴살의 안쪽, 날개 아래쪽에 자리한 가늘고 길쭉하게 생긴 부위로 성분과 식감이 닭가슴살과 거의 동일하다. 다만 닭가슴살보다 좀 더 부드러운 맛이 특징이다. 윤기가 돌고 선홍색을 띠는 것이 좋다.

4 목살

돼지의 귀 뒤쪽으로 이어진 부위로 지방이 삼겹살보다는 적지만 대신 전체적으로 골고루 퍼져 있어 맛이 좋고 육질이 부드럽다.

2 닭다리

근육이 가장 발달한 부위로 살에 탄력이 넘치고 쫄깃한 식감이 특징이다. 표면의 오돌토돌한 모양이 생생하고 살이 단단하며 살짝 붉은 빛이 감도는 것이 좋다.

5 삼겹살

돼지의 앞다리와 뒷다리 사이, 배를 이루고 있는 부위로 한국인이 가장 선호하는 부위다. 살과 지방이 겹겹이 층을 이루고 있어 고기가 질기지 않고, 그만큼 지방 함량이 높아 특유의 고소한 맛이 특징이다. 삼겹살을 고를 때는 붉은색이 선명하며 지방층이 일정한 두께로 반복되는 것이 좋다.

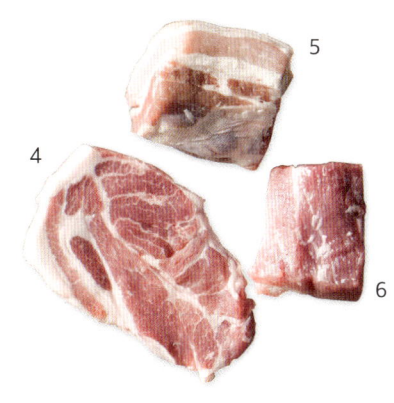

6 앞다리살

돼지 앞다리를 이루는 부위로 평소 운동량이 많은 근육을 포함하고 있어 육질이 거칠다. 지방이 적어 맛이 담백하며 삼겹살과 목살보다 값이 저렴한 장점이 있다.

7 소고기 등심

소의 등줄기를 이루는 부위로 지방이 풍부하고 육질이 부드럽다. 맛이 뛰어나 소고기 안심 다음으로 많이 찾는 부위이다. 등심을 고를 때는 붉은색이 선명하고 마블링이 화려한 것이 좋다.

8 치마살

소의 아랫배에 위치한 양지 부위에 속하는 치마살은 뼈를 발라내며 얻어지는 부위이기 때문에 육질이 거칠어 보이지만 지방이 골고루 퍼져있어 식감은 부드럽다.

9 부채살

소의 앞다리 위쪽에 자리한 부위로 앞다리살의 일부이기도 하다. 지방이 적어 조금 질기지만 가느다란 마블링이 골고루 퍼져 있어 앞다리살 중에 가장 식감이 좋다.

10 아롱사태

소의 뒷다리 맨 아랫부분으로 근육이 발달하여 살이 단단하고 육즙이 풍부한 것이 특징이다. 약간 질기지만 담백하면서 깊은 맛이 난다.

Chicken
DIY Salad

닭고기는 맛이 부드럽고 담백해 어떤 드레싱을 곁
들여도 잘 어울려요. 오일과 소금, 후춧가루를 뿌
려 살짝 굽거나 매콤하게 양념해 구우면 어떤 샐러
드 채소와도 잘 어울린답니다.

삶은 닭가슴살

닭가슴살 1쪽(100g), 대파 흰 부분 3cm, 청주 3큰술, 물 2컵

1 냄비에 물, 대파, 청주를 넣고 팔팔 끓인 뒤 닭가슴살을 넣고 20분 정도 삶는다.

2 삶은 닭가슴살을 꺼내 결대로 잘게 찢거나, 먹기 좋은 크기로 잘게 썬다.

매콤 닭고기

닭가슴살 2쪽(200g), 칠리가루 1작은술, 파프리카 시즈닝 1작은술, 올리브오일 2큰술, 소금·후춧가루 약간씩

1 유산지를 넓게 펴서 닭가슴살을 올리고 칠리가루, 파프리카 시즈닝, 소금, 후춧가루를 섞어 골고루 입힌 다음 유산지로 덮고 밀대로 두드려 1.5cm 정도 두께로 얇게 편다.

2 달군 팬에 올리브오일을 두르고 양념한 닭고기를 올려 양념이 타지 않도록 중약불에서 20분 정도 바싹 굽는다.

케이준 치킨

닭안심 4조각(120g), 케이준가루 1작은술, 카레가루 1작은술, 올리브오일 2큰술

1 소금, 케이준가루, 카레가루를 섞어 닭안심에 앞뒤로 골고루 입힌다.

2 달군 팬에 올리브오일을 두르고 양념한 닭안심을 올려 앞뒤로 15분 정도 굽는다.

허브 마늘 닭다리

닭다리 2개, 다진 마늘 2큰술, 허브가루 1작은술, 올리브오일 1큰술, 소금 1½작은술, 후춧가루 약간

1 닭다리에 사선으로 칼집을 낸 뒤, 허브가루, 다진 마늘, 올리브오일, 소금, 후춧가루를 섞어서 앞뒤로 골고루 입힌다.

2 달군 팬에 껍질이 아래로 가도록 양념한 닭다리를 올린다. 뒤집개로 눌러가며 중간 불로 3~4분 정도 굽고, 뒤집어서 약한 불에서 4~5분 정도 더 굽는다.

Pork
DIY Salad

돼지고기를 샐러드에 활용할 때에는 특
유의 잡냄새를 없애주는 것이 중요해요.
지방이 많은 삼겹살은 맥주에 담가 재우
고, 다른 부위는 진한 소스에 조리거나
향신료를 넣어 삶아 보세요.

삼겹살 구이

돼지고기(삼겹살) 200g, 맥주 1
캔(300mL), 소금·후춧가루 약
간씩

1 맥주에 삼겹살을 담가 1~2시간 정도
재운다.

2 달군 팬에 재운 삼겹살을 올리고 소
금, 후춧가루를 뿌려 15~20분 정도
앞뒤로 굽는다.

목살 스테이크

돼지고기(목살) 200g, 돈가스
소스 3큰술, 굴소스 2큰술, 올리
고당 1큰술, 다진 마늘 1작은술,
맛술 2큰술, 소금·후춧가루 약
간씩, 올리브오일 적당량

1 달군 팬에 올리브오일을 두르고 돼지
고기를 올린 뒤 소금과 후춧가루를
뿌려 조금 약한 불로 15분 정도 굽는다.

2 돈가스소스와 굴소스, 올리고당, 다
진 마늘, 맛술을 섞어 소스를 만들
고 ①의 고기에 골고루 끼얹어 양념이
배도록 앞뒤로 익힌다.

중국풍
돼지고기 수육

돼지고기(앞다리살) 300g, 포
도씨유 1작은술
조림장(물 2컵, 양파 90g, 마늘
5쪽, 생강 5g, 팔각 2개, 마른 붉
은 고추 10g, 청주 2큰술, 월계
수 잎 2장, 우스터소스 3큰술,
통후추 1/2작은술)

1 달군 팬에 포도씨유를 두르고 돼지
고기를 올려 겉면이 바삭해질 정도
로 사방을 지진다.

2 깊은 냄비에 조림장 재료와 구운 돼
지고기를 넣고 센 불에서 팔팔 끓인
다. 끓어오르면 중간 불로 줄여 5~10분
정도 더 끓이고 약한 불로 줄여서 30분
정도 조린다.

Beef
DIY Salad

소고기는 오일과 소금, 후춧가루만 뿌려 구워도 좋고,
향긋한 허브나 시트러스 껍질을 활용해 마리네이드한
뒤 구우면 향긋한 향이 배어 샐러드로 활용하기에 더
욱 좋아요.

소고기 오일 마리네이드

소고기(등심) 100g, 올리브오일 3큰술, 소금 약간, 후춧가루 1/2 작은술

1 소고기를 칼등으로 자근자근 두드려 육질을 부드럽게 한다.

2 소고기를 소금, 후춧가루, 올리브오일로 버무려 지퍼백에 넣고 냉장고에서 30분 정도 재운 뒤 팬에 굽는다.

소고기 스테이크

소고기(부채살) 150g, 소금·후춧가루 약간씩, 올리브오일 1큰술

1 소고기는 종이타월에 올려 핏물을 제거한다.

2 달군 팬에 올리브오일을 두르고 소고기를 올린 뒤 소금, 후춧가루를 뿌리고 약간 센 불에서 1~2분 정도 앞뒤로 굽는다.

발사믹 소고기 구이

소고기(치마살) 150g
발사믹 양념(다진 양파 2큰술, 디종 머스터드 1/2작은술, 매실청 1작은술, 발사믹식초 1큰술, 올리브오일 3큰술, 허브가루 1작은술), 포도씨유 1작은술, 소금·후춧가루 약간씩

1 발사믹 양념 재료를 골고루 섞어 소고기에 버무린 뒤 10분 정도 재운다.

2 달군 팬에 포도씨유를 두르고 재운 소고기를 올린 뒤 소금, 후춧가루를 뿌리고 중간 불에서 앞뒤로 굽는다.

소고기 수육

소고기(아롱사태) 300g, 대파 5cm, 마늘 3쪽, 생강 5g, 통후추 1/2작은술, 청주 2큰술

1 소고기를 찬물에 푹 잠기도록 담는다. 중간마다 물을 갈아주며 2~3시간 동안 충분히 핏물을 뺀다.

2 소고기를 냄비에 담고 잠기도록 물을 부은 뒤, 대파, 마늘, 생강, 통후추, 청주를 넣어 1시간 정도 팔팔 끓인다. 고기를 찔렀을 때 핏물이 나오지 않을 정도로 익으면 건진다.

Cajun Chicken Salad

매콤 케이준 치킨 샐러드

부드러운 닭안심을 케이준 시즈닝으로 양념해서 구우면 매콤한 케이준 치킨이
되지요. 여기에 상큼한 채소와 파프리카를 곁들이면 레스토랑에서 주문한 듯한
근사한 요리가 완성된답니다.

ingredient
케이준 치킨 6조각(81p), 샐러드 채소 100g, 파프리카 1/2개
카레 드레싱
플레인 요구르트 3큰술, 마요네즈 3큰술, 레몬즙 2큰술, 카레가루 1큰술, 소금·후춧가루 약간씩

<u>1</u> 케이준 치킨을 준비한다.

<u>2</u> 샐러드 채소는 깨끗이 씻어 물기를 빼고 한입 크기로 뜯는다.

<u>3</u> 파프리카는 씨를 빼고 길쭉하게 썬다.

<u>4</u> 그릇에 채소와 케이준치킨, 파프리카를 담고, 분량의 재료를 섞어 만든 카레 드레싱을
　 끼얹는다.

ingredient

허브 마늘 닭다리 2개(81p)
루콜라 100g

씨겨자 발사믹 드레싱
올리브오일 1큰술
씨겨자 1큰술
발사믹 식초 1/3컵
설탕 3큰술
소금 1/2작은술

닭다리를 허브 마늘 양념에 재워 바삭하게 구워보세요.
사먹는 치킨보다 맛있고 샐러드 채소와도 잘 어울리는 근사한 맛에 깜짝 놀랄 거예요.

1 허브 마늘 닭다리를 준비한다.

2 루콜라는 씻어서 한입 크기로 뜯는다.

3 접시에 루콜라와 허브 마늘 닭다리를 담고, 분량의 재료를 섞어 만든 씨겨자 발사믹 드레 싱을 끼얹는다.

허니 머스터드 오일 드레싱(21p)을 곁들여도 잘 어울려요.

Herb Chicken Drumstick Salad

허브 마늘 닭다리 샐러드

삶은 닭가슴살 1조각(81p)
영양부추 100g
어린잎 채소 50g

참깨 드레싱
참깨가루 4큰술
마요네즈 2큰술
다진 양파 1큰술
땅콩잼 2큰술, 설탕 1½큰술
간장 1큰술, 식초 1큰술
참기름 1큰술
후춧가루 약간

삶은 닭가슴살을 결대로 잘게 찢고 고소한 참깨드레싱에 버무려, 퍽퍽한 식감은 줄이고 맛은 살려보세요. 닭가슴살을 삶을 때는 대파와 청주를 넣어 잡냄새를 없애는 것이 좋아요.

<u>1</u> 삶은 닭가슴살을 준비해 결대로 잘게 찢는다.

<u>2</u> 어린잎 채소는 씻어서 물기를 빼고, 영양부추는 씻어서 물기를 빼고 4cm 길이로 썬다.

<u>3</u> 분량의 재료를 섞어 참깨 드레싱을 만들고 닭가슴살을 버무린다.

<u>4</u> 그릇에 채소와 부추를 담고 양념한 닭가슴살을 올린다.

두반장 칠리 드레싱(35p)으로 매콤한 맛을 내도 좋아요.

Chicken Breast Salad
닭가슴살 냉채 샐러드

Garlic Pork Belly Salad
마늘 삼겹살 샐러드

삼겹살을 샐러드로 즐기고 싶다면 마늘을 활용하세요. 구울 때 마늘과 함께 구워
느끼함을 줄이고 드레싱에도 마늘을 듬뿍 넣어 매콤한 맛을 살리면
완벽한 삼겹살 샐러드가 완성됩니다.

ingredient
돼지고기(삼겹살) 200g, 마늘 4톨, 양파 1/2개, 샐러드 채소 100g, 올리브오일·소금·후춧가루 약간씩

마늘 해선장 드레싱
다진 마늘 1큰술, 해선장 2큰술, 설탕 1작은술, 고춧가루 2작은술, 식초 2큰술, 포도씨유 1큰술

1 샐러드 채소는 깨끗이 씻어 물기를 빼고 한입 크기로 뜯는다.

2 돼지고기는 한입 크기로 썰고, 양파는 채 썬다. 마늘은 얇게 저며 썬다.

3 달군 팬에 올리브오일을 두르고 양파와 마늘을 볶다가 돼지고기를 올리고 소금·후춧가
  루를 뿌려 앞뒤로 굽는다.

4 접시에 샐러드 채소와 ③을 담고, 분량의 재료를 섞어 만든 마늘 해선장 드레싱을 곁들
  여낸다.

피시소스 간장 드레싱(32p)으로 맛을 내도 좋아요.

1

3

Boiled Pork Salad
중국풍 수육 샐러드

진한 중국풍 양념으로 부드럽게 조린 돼지고기 수육은 잡냄새가 전혀 없고
구수한 맛이 입혀져 달큼하면서도 아삭아삭 씹히는 양배추와 잘 어울려요.

ingredient
중국풍 돼지고기 수육 200g(83p), 양배추 100g

땅콩 드레싱
볶은 땅콩 1/2컵, 흑설탕 2큰술, 다진 양파 1큰술, 다진 마늘 1작은술, 레몬즙 1큰술, 피시소스 1큰술, 간장 1작은술

<u>1</u> 중국풍 돼지고기 수육을 준비한다.

<u>2</u> 양배추는 곱게 채 썬다.

<u>3</u> 분량의 드레싱 재료를 믹서에 넣고 곱게 갈아 땅콩 드레싱을 만든다.

<u>4</u> 접시에 채 썬 양배추와 돼지고기 수육을 담고, 땅콩 드레싱을 끼얹는다.

된장 마요네즈 드레싱(32p)도 중국풍 수육과 잘 어울려요.

Root Vegetables Beef Salad
뿌리채소 비프 샐러드

다양한 뿌리채소와 소고기를 구워서 알싸한 맛이 좋은
머스터드 마요네즈 드레싱으로 버무렸어요. 영양이 넘치는 건강 샐러드랍니다.

ingredient
소고기 오일 마리네이드 100g(85p), 뿌리채소 구이 200g(43p)

머스터드 마요네즈 드레싱
마요네즈 1/2컵, 플레인 요구르트 2큰술, 디종 머스터드 1작은술, 씨겨자 1작은술

<u>1</u> 오일 마리네이드 소고기를 준비해 한입 크기로 썬다.

<u>2</u> 뿌리채소 구이를 준비한다.

<u>3</u> 분량의 재료를 섞어 머스터드 마요네즈 드레싱을 만든다.

<u>4</u> 볼에 구운 소고기와 뿌리채소 구이를 담고 드레싱으로 골고루 버무린다.

1

3

ingredient

발사믹 소고기 구이 150g(85p)
샐러드 채소 100g
소금·후춧가루 약간씩

발사믹 매실 드레싱
올리브오일 3큰술
다진 양파 ½큰술
발사믹식초 1큰술
매실청 ½큰술
디종 머스터드 1작은술
소금·후춧가루·허브가루 약간씩

소고기를 발사믹소스로 양념해 구우니 레스토랑에서 먹던
바로 그 스테이크가 만들어졌어요. 다양한 샐러드 채소를 곁들여내세요.

1 발사믹 소고거 구이를 준비한다.

2 샐러드 채소는 깨끗이 씻어 먹기 좋은 크기로 썬 뒤, 분량의 재료를 섞어 만든 발사믹 매실
  드레싱 1큰술로 버무려 접시에 담는다.

3 구운 소고기를 두툼하게 채 썰어 ②에 얹고 남은 드레싱을 끼얹는다.

스테이크소스 드레싱(34p)을 곁들여도 좋아요

Balsamic Stake Salad
발사믹 스테이크 샐러드

Boiled Beef Salad

소고기 냉채 샐러드

소고기 아롱사태를 갖은 양념과 함께 푹 삶으면 쫄깃한 식감과 진한 고기 맛이
살아나요. 부드러운 영양부추와 매콤한 고춧가루 드레싱을 곁들이면
환상의 조화를 이룬답니다.

ingredient
소고기 수육 200g(85p), 양파 1/2개, 영양부추 100g

고춧가루 드레싱
고춧가루 2큰술, 다진 마늘 2작은술, 간장 4큰술, 참기름 2큰술, 식초 2큰술, 소금 약간

<u>1</u> 소고기 수육을 준비해 얇게 슬라이스 한다.

<u>2</u> 영양부추는 4cm 길이로 썰고, 양파는 채 썬다. 분량의 재료를 섞어 만든 고춧가루 드레
  싱을 조금 넣어 버무린다.

<u>3</u> 그릇에 ②를 담고, 소고기 수육을 올린 다음 남은 드레싱을 골고루 끼얹는다.

1

2

SEAFOOD

해물 재료를 활용한 DIY 샐러드

바닷속의 영양을 가득 품은 다양한 해물 재료는
언제 어디서나 평범하던 요리를 돋보이게 하는 특
별함이 있어요. 생각보다 간편하고 쉬운 해물 재
료 조리법을 익히고, 따라 하기 쉬운 다양한 해물
샐러드 레시피도 만나보세요. 순식간에 샐러드가
특별해질 거예요.

1 새우

젓갈을 담그는 조그만 새우부터 요리의 주재료가 되는 대하, 중하까지 크기와 종류가 아주 다양하다. 키토산, 칼슘, 타우린 등이 풍부하고, 콜레스테롤이 많지만 과다하게 섭취하지 않으면 큰 영향은 없다. 몸이 투명하고 윤기가 나며 껍질이 단단한 것이 좋다.

2 오징어

우리나라 사람들이 특히 많이 먹는 해물 중에 하나로 피로 해소에 좋은 타우린이 풍부하고 지방은 적어 칼로리 걱정이 없다. 등이 흑갈색이며 몸통이 두툼한 것이 좋고 껍질에 흠이 있는 것은 보관 상태가 좋지 않은 것이니 고를 때 주의하자. 보관할 때는 몸통과 다리를 분리하고 내장을 떼어 낸 뒤 냉동한다.

3 조개류

종류에 따라 성분이 조금씩 다르지만 단백질이 풍부하고 지방이 적으며 특유의 감칠맛을 지닌다. 껍데기에 상처가 없고 깨끗한 것이 좋으며 입을 다물고 있는 것이 싱싱하다. 상하기 쉬운 식품이기 때문에 신선한 것을 선택하고 되도록 살아 있는 것을 사는 것이 좋다.

4 문어

부드럽게 살짝 데쳐서 다양한 채소와 함께 샐러드를 만들어도 잘 어울리는 재료이다. 살아 있는 것은 표면이 미끈거리지 않으며 다리의 빨판이 크고 뚜렷한 것이 신선하고 데친 문어는 살에 탄력이 있는 것이 좋다.

5 연어

붉은 살코기가 입맛을 자극하는 연어는 샐러드에 가장 잘 어울리는 생선 중에 하나이다. 비타민 B군이 모두 풍부하여 피로 해소와 피부 미용에 특히 좋다. 훈제연어로 많이 먹으며 스테이크나 구이로 조리해도 좋다. 비늘이 잘 붙어있고 은빛을 띠며 살이 탱탱한 것을 고르고, 자른 단면은 선명한 분홍색으로 투명한 것이 신선한 것이다.

6 관자

조개의 껍데기에 붙어있는 근육의 일종인 관자는 담백하면서 특유의 쫀쫀한 식감을 뽐내는 재료이다. 가격이 비싸 고급 요리에 주로 사용되지만, 집에서 직접 조리하면 적당한 가격으로 근사한 관자 요리를 즐길 수 있다.

Shrimp DIY Salad

깔끔하게 손질되어 나오는 칵테일 새우는 살짝 데치거나 팬에 바로 구워서 사용하기 좋아요. 그 밖의 새우들은 내장과 꼬리의 물총을 제거하는 방법과 알맞은 조리법을 익혀서 활용하세요.

데친 새우

칵테일 새우 20마리, 소금 약간

1 칵테일 새우는 찬물에 가볍게 씻는다.

2 냄비에 물 2컵을 붓고 소금을 넣어 끓인다. 물이 끓으면 칵테일 새우를 넣고 살짝 데친 뒤 건져서 물기를 뺀다.

새우 버터구이

칵테일 새우 20마리, 버터 1큰술, 소금·후춧가루 약간씩

1 찬물에 가볍게 씻은 칵테일 새우에 소금과 후춧가루를 뿌려 간이 배도록 재운다.

2 달군 팬에 버터를 녹이고 밑간한 새우를 올려 중간 불에서 앞뒤로 2분 정도씩 굽는다.

스파이시 새우

새우(대하) 10마리, 다진 마늘 1큰술, 파프리카 시즈닝 1/2작은술, 식용유·소금·후춧가루 약간씩

1 새우는 머리와 몸통의 껍데기를 떼고, 이쑤시개로 내장을 제거한다. 등줄기에 칼집을 내 넓게 편다.

2 달군 팬에 기름을 두르고 다진 마늘을 올려 볶다가 고소한 향이 나면 새우를 넣고 소금, 후춧가루, 파프리카 시즈닝을 뿌려가며 앞뒤로 익힌다.

새우튀김

새우(대하) 10마리, 튀김옷(튀김가루 1/2컵, 물 3/4컵, 얼음 약간), 튀김가루 3큰술, 소금·후춧가루 약간씩, 식용유 적당량

1 새우는 머리와 몸통의 껍데기를 떼고, 이쑤시개로 내장을 제거한 뒤 꼬리 가운데를 칼로 구멍 내 물기를 뺀다. 손질한 새우는 소금, 후춧가루를 뿌려서 간이 배도록 재운다.

2 밑간한 새우는 튀김가루에 버무리고 멍울 없이 잘 섞은 튀김옷에 담가 골고루 뒤적인다. 튀김옷 입힌 새우는 180℃의 기름에 2번 정도 바삭하게 튀긴다.

Squid
DIY Salad

쫄깃한 식감이 좋고 가격도 비싸지 않은 오징어는 다
양하게 조리해 맛의 변화를 주기에 좋아요. 삶아서 오
일 드레싱으로 버무려 채소와 곁들여도 좋고, 굽거나
튀겨서 부드러운 크림 드레싱으로 맛을 내도 좋아요.

데친 오징어

오징어 1마리, 굵은소금 적당량

1 오징어는 다리를 떼고 몸통 속의 내장을 제거한 뒤 굵은소금으로 박박 문질러 껍질을 벗겨 깨끗이 씻는다.

2 몸통 안쪽에 2mm 간격의 격자 모양으로 칼집을 낸 뒤 3×5cm 크기로 썰고 다리는 반으로 썬다. 끓는 물에 손질한 오징어를 넣고 살짝 데친다.

오징어 버터구이

오징어 1마리, 버터 2큰술, 허브가루 1작은술, 소금·후춧가루 약간씩, 굵은소금 적당량

1 오징어는 다리를 떼고 내장을 제거한 뒤 굵은소금으로 박박 문질러 껍질을 벗겨 깨끗이 씻는다. 몸통 안쪽에 2mm 간격의 격자 모양으로 칼집을 낸 뒤 3×5cm 크기로 썰고 다리는 반으로 썬다.

2 달군 팬에 버터를 녹이고 오징어를 올려 소금을 뿌린 뒤 중간 불에서 3분 정도 앞뒤로 굽는다. 마지막에 허브가루와 후춧가루를 뿌린다.

오징어 튀김

오징어 1마리, 튀김옷(녹말가루 4큰술, 밀가루 3큰술, 후춧가루 1/4작은술, 소금 1/4작은술), 식용유 적당량

1 오징어는 다리를 떼고 몸통 속의 내장을 제거한 뒤 굵은 소금으로 박박 문질러 껍질을 벗겨 깨끗이 씻는다. 몸통은 2cm 폭으로 링 모양으로 썰고 다리는 반으로 썬다.

2 손질한 오징어는 분량의 재료를 섞은 튀김옷에 가볍게 버무리고 남은 가루는 털어낸다. 180℃ 기름에 튀김옷 입힌 오징어를 넣어 2분 정도 바삭하게 튀긴다.

오징어 깔라마리

오징어 1마리, 튀김옷(쌀가루 1/2컵, 물 2/3컵), 칠리가루 1작은술, 파프리카 시즈닝 1작은술, 굵은소금·식용유 적당량

1 오징어는 다리를 떼고 내장을 제거한 뒤 굵은소금으로 문질러 껍질을 벗겨 깨끗이 씻는다. 몸통은 1cm 폭으로 길게 썰고 다리는 반으로 썬 뒤 분량의 튀김옷 재료로 버무려 180℃ 기름에 2분 정도 바삭하게 튀긴다.

2 칠리가루와 파프리카 시즈닝을 섞어 튀긴 오징어에 버무린다.

Octopus & Salmon
DIY Salad

특유의 맛과 비릿함이 강한 연어와 문어는 향긋한 재료를 활용해 마리네이드하는 것이 좋아요. 과일과 와인, 케이퍼 등을 활용하고, 드레싱으로 버무려내면 완벽한 샐러드가 완성된답니다.

문어 유자 마리네이드

문어 다리 4개, 유자청 1큰술, 유자즙 1큰술, 레몬즙 1큰술, 올리브오일 1큰술, 소금·후춧가루 약간씩

1 문어 다리는 씻어서 끓는 물에 10초간 데치고 바로 찬물에 헹군다.

2 데친 문어는 어슷하게 썰고 유자청, 유자즙, 레몬즙, 올리브오일, 소금·후춧가루를 섞어 만든 유자 소스로 재운다. 바로 사용하지 않을 때는 냉장고에 보관한다.

케이퍼 연어

훈제연어 200g, 케이퍼 2작은술, 레몬즙 1큰술, 설탕 1/2작은술

1 잘게 다진 케이퍼와 레몬즙, 설탕을 골고루 섞는다.

2 훈제연어를 넓은 접시에 펼쳐 담고 ①을 골고루 끼얹어 잠시 재운다.

연어구이

연어 250g, 화이트와인 2작은술, 레몬즙 2큰술, 타바스코소스 1큰술, 꿀 1작은술, 올리브오일 1큰술, 소금 약간

1 연어는 2cm 크기로 깍둑썰기하고 화이트와인을 뿌려 5분 정도 재운다.

2 종이타월로 물기를 닦고 달군 팬에 올려서 사방이 바삭해질 때까지 7~8분 정도 굽는다. 뜨거울 때 레몬즙과 타바스코소스, 꿀, 소금을 섞어 골고루 뿌려 간한다.

Clam & Cappesante DIY Salad

샐러드가 더욱 특별해 보이도록 만드는 조개와 관자는 생각보다 조리하기가 쉬워요. 다양하게 조리한 조개와 관자는 상큼한 과일 드레싱이나 다양한 소스로 맛을 낸 기타 드레싱과 잘 어울린답니다.

삶은 조갯살

바지락 100g, 모시조개 100g, 굵은소금 1/2큰술, 올리브오일 1작은술, 소금·후춧가루 약간씩

1 소금물에 해감한 바지락과 모시조개를 냄비에 담고 잠길 정도로 물을 붓는다. 굵은소금 1/2큰술을 넣고 조개가 입을 벌릴 때까지 살짝 삶는다.

2 삶은 조개는 바로 찬물에 헹궈 물기를 뺀 뒤 조갯살만 꺼낸다. 올리브오일과 소금, 후춧가루를 뿌려 밑간한다.

조개 마늘 볶음

모시조개 100g, 바지락 100g, 다진 마늘 1작은술, 다진 양파 1큰술, 마른 붉은 고추 2개, 청주 1/4컵, 올리브오일 1작은술, 소금·후춧가루 약간씩

1 달군 팬에 올리브오일을 두르고 다진 마늘과 다진 양파를 넣어 볶다가 소금물에 해감한 모시조개와 바지락을 넣고 볶는다.

2 조개가 입을 벌리면 마른 붉은 고추를 손으로 부숴 넣고 청주를 붓는다. 청주 향이 날아가면 소금, 후춧가루로 간하고 불을 끈다.

관자 구이

관자 4개, 버터 1큰술, 소금·후춧가루 약간씩

1 관자는 가로로 반을 갈라 모양을 살려 얇게 썰고 바둑판 모양으로 앞뒤로 칼집을 낸다.

2 달군 팬에 버터를 녹이고 관자를 올려 소금, 후춧가루를 뿌려가며 앞뒤로 노릇하게 굽는다.

Lemon Mayonnaise Shrimp Salad
레몬 마요 새우 샐러드

바삭하게 튀긴 새우를 고소한 레몬 마요네즈 드레싱으로 버무렸어요.
싱싱한 샐러드 채소가 어우러지면 먹음직스러운 샐러드로 완성된답니다.

ingredient
새우튀김 10개(97p), 샐러드 채소 100g, 레몬 1/4개
레몬 마요네즈 드레싱
마요네즈 5큰술, 레몬즙 1½큰술, 설탕 1큰술, 우유 2큰술, 다진 양파 2큰술, 허브가루 2큰술, 소금 약간

<u>1</u> 새우튀김을 준비한다.

<u>2</u> 샐러드 채소는 씻어 물기를 제거한다.

<u>3</u> 분량의 재료를 섞어 레몬 마요네즈 드레싱을 만든다.

<u>4</u> 새우튀김에 드레싱을 넣고 살살 버무린다.

<u>5</u> 접시에 샐러드 채소를 담고 드레싱으로 버무린 새우튀김을 올린 뒤 레몬을 곁들여낸다.

ingredient

오징어 버터구이 1마리(99p)
양배추 1/4개
올리브오일 2큰술
다진 마늘 1작은술
허브가루 1작은술
소금 1/2작은술
후춧가루 약간

호두 마요네즈 드레싱

마요네즈 3큰술
다진 호두 1큰술
레몬즙 1큰술, 식초 1작은술
설탕 1작은술, 소금 약간

버터에 부드럽게 구운 오징어와 아삭하게 오븐에 구운 양배추가 만나면
근사한 맛과 모양을 뽐내는 샐러드가 완성됩니다. 중독성 강한 맛에 놀랄지도 몰라요.

1 오징어 버터구이를 준비한다.

2 오븐 팬에 유산지를 깔고 양배추를 반으로 갈라 올린 다음 올리브오일과 다진 마늘, 허브
  가루, 소금, 후춧가루를 섞어 양배추 위에 골고루 뿌린다. 180℃ 오븐에서 25분간 굽는다.

3 접시에 오징어 버터구이와 구운 양배추를 올리고 분량의 재료를 섞어 만든 호두 마요네즈
  드레싱을 끼얹는다.

\# 우메보시 드레싱(35p)으로 다른 맛을 내도 좋아요.

Grilled Squid With Butter Salad

오징어 버터구이 샐러드

ingredient

유자 마리네이드 문어 1컵(101p)

오렌지 1개

양상추 8장

유자 드레싱

유자청 2큰술

유자즙 2큰술

레몬즙 3큰술

올리브오일 2큰술

다진 마늘 1/2작은술

소금·후춧가루 약간씩

삶은 문어를 유자 소스로 버무려 준비하고 신선한 양상추와 달콤한 오렌지를 곁들이면 상큼한 문어 샐러드가 완성됩니다. 새콤달콤한 유자 드레싱으로 마무리하세요.

<u>1</u> 유자 마리네이드 문어를 준비한다.

<u>2</u> 오렌지는 양끝을 잘라내고 껍질을 벗긴 뒤 과육만 도려낸다. 양상추는 씻어서 먹기 좋은 크기로 뜯는다.

<u>3</u> 접시에 양상추와 오렌지, 문어를 담고 분량의 재료를 섞어 만든 유자 드레싱을 끼얹는다.

Yuja Octopus Salad

유자 문어 샐러드

Salmon Salad

연어 샐러드

훈제연어를 케이퍼 소스에 재우면 촉촉함은 오래 가고 비린 맛은 사라져서 좋아요.
양상추와 어린잎 채소만 곁들여도 완벽한 연어 샐러드가 탄생됩니다.

ingredient
케이퍼 연어 200g(101p), 양상추 4장, 어린잎 채소 50g

허니 레몬 드레싱
레몬즙 1/4컵, 꿀 1큰술, 올리브오일 1/2컵, 소금 1/2작은술, 후춧가루 약간

1 케이퍼 연어를 준비한다.

2 어린잎 채소는 찬물에 헹군 다음 물기를 빼고 양상추는 깨끗이 씻어 물기를 빼고 한입
  크기로 뜯는다.

3 분량의 재료를 섞어 허니 레몬 드레싱을 만든다.

4 접시에 양상추를 담고 케이퍼 연어와 어린잎 채소를 올린 뒤 드레싱을 끼얹는다.

케이퍼 오일 드레싱(21p)을 곁들여도 잘 어울려요.

관자 구이 4개(103p)
오렌지 1개
샐러드 채소 100g

오렌지 머스터드 드레싱
오렌지 주스 3큰술
레몬즙 1큰술
꿀 1큰술
디종 머스터드 1/2큰술
씨겨자 1/2큰술
올리브오일 2큰술
소금·후춧가루 약간씩

아삭한 샐러드 채소 위에 부드러운 관자와 상큼한 오렌지가 어우러진 모습에
보기만 해도 절로 군침이 도는 샐러드랍니다.

<u>1</u> 관자구이를 준비한다.

<u>2</u> 샐러드 채소는 깨끗이 씻어 물기를 빼고 한입 크기로 뜯는다.

<u>3</u> 오렌지는 양끝을 잘라내고 껍질을 벗겨 과육만 도려낸다. 껍질은 얇게 채 썰어둔다.

<u>4</u> 접시에 채소와 오렌지, 관자를 담고 분량의 재료를 섞어 만든 오렌지 머스터드
드레싱을 뿌린 후 오렌지 껍질을 뿌려준다.

Grilled Cappesante Orange Salad

관자 구이 오렌지 샐러드

봄나물 조갯살 샐러드

푸릇푸릇한 봄나물과 쫄깃한 조갯살로 봄날에 어울리는 샐러드를 만들어 보세요.
고소하고 구수한 된장 드레싱이 맛의 조화를 이뤄준답니다.

ingredient
삶은 조갯살 100g(103p), 봄나물(참나물, 달래 등) 150g, 붉은 고추 1/2개

된장 드레싱
된장 3큰술, 들기름 1작은술, 청주 2큰술, 소금 약간

<u>1</u> 삶은 조갯살을 준비한다.

<u>2</u> 봄나물은 씻어서 물기를 빼고 먹기 좋게 썬다.

<u>3</u> 붉은 고추는 씨를 빼고 작게 다진다.

<u>4</u> 분량의 재료를 섞어 된장 드레싱을 만든다.

<u>5</u> 봄나물과 조갯살을 드레싱으로 버무려 간을 맞추고 접시에 담은 뒤 다진 붉은 고추를
뿌린다.

\# 미소 머스터드 드레싱(31p)으로 다른 맛을 내도 좋아요.

1

2

Squid Tomato Salad
오징어 토마토 샐러드

부드럽게 데친 오징어에 상큼한 방울토마토를 곁들이고
발사믹식초, 간장, 올리브오일로 만든 드레싱을 끼얹어 새콤한 맛을 더하세요.

ingredient
데친 오징어 1마리(99p), 방울토마토 15개, 다진 이탈리안 파슬리 1큰술
발사믹 오리엔탈 드레싱
발사믹식초 3큰술, 간장 2큰술, 올리브오일 6큰술, 소금·후춧가루 약간씩

1 데친 오징어를 준비한다.

2 방울토마토는 씻어서 꼭지를 따고 큰 것은 반으로 자른다.

3 분량의 재료를 섞어 발사믹 오리엔탈 드레싱을 만든다.

4 데친 오징어와 방울토마토에 다진 이탈리안 파슬리와 드레싱을 분량의 1/3만 섞어 넣고
　버무린다.

5 접시에 양념한 오징어와 방울토마토를 담고 남은 드레싱을 끼얹어낸다.

ingredient

칵테일 새우 20개
오이 1개
로메인 100g
소금 약간

파인애플 드레싱

곱게 간 파인애플 50g
다진 양파 1큰술
식초 2큰술
레몬즙 1큰술
소금 1작은술
설탕 4작은술
포도씨유 1큰술

손질이 되어 있어 살짝 데치기만 하면 바로 먹을 수 있는 칵테일 새우를 활용한 간편 샐러드예요. 냉장고에 있는 오이를 썰어 넣어 아삭한 맛을 더해보세요.

1 칵테일 새우는 찬물에 가볍게 씻어 끓는 물에 소금을 넣고 살짝 데친다.

2 오이는 얇게 슬라이스 하고, 로메인은 한입 크기로 썰어 깨끗이 씻은 뒤 물기를 뺀다.

3 새우와 오이, 로메인을 분량의 재료를 섞어 만든 파인애플 드레싱으로 버무려 그릇에 담아 낸다.

\# 연겨자 드레싱(31p)으로 버무려도 잘 어울려요.

Fresh Shrimp Salad
상큼 새우 샐러드

GRAIN

곡물 재료를 활용한 DIY 샐러드

탄수화물과 단백질, 미네랄이 풍부한 곡물 재료는 뛰어난
영양과 든든한 포만감으로 우리 식탁에 빠지지 않는 식재료
예요. 슈퍼곡물이라 불리며 주목받고 있는 다양한 곡물과
콩류에 대해 자세히 알아보고 맛있게 조리하는 레시피도 배
워보세요.

1 아마란스

식물성 단백질과 항산화 성분이 풍부하며 칼슘과 철분도 많이 들어 있어 슈퍼 곡물이라 불린다. 주로 남미에서 재배되던 아마란스는 이제는 우리나라에서도 재배될 만큼 인기가 높다. 좁쌀과 비슷하게 생겼으며 팬에 가볍게 볶아 시리얼처럼 먹거나, 쌀과 함께 밥을 지어도 되고 삶아서 다양한 요리에 활용해도 좋다.

2 귀리

보리와 비슷하게 생겼지만 좀 더 크고 노란색을 띠는 귀리는 단백질 함량이 쌀의 2배에 달하는 고단백 저칼로리의 영양 덩어리 식품이다. 식이섬유도 풍부해 소화를 돕고 변비를 예방한다. 모양이 통통하고 윤기가 흐르는 것이 좋으며 조리하기 전에 충분히 불려서 사용하는 것이 좋다.

3 치아씨드

치아라는 식물의 씨앗인 치아씨드는 각종 미네랄과 오메가 3, 식이섬유가 골고루 함유된 건강식품이다. 참깨 정도의 크기로 물에 불리면 수분을 흡수해 부피가 10배 정도로 불어나며 쫀득한 질감이 생겨나는 것이 특징이다. 물에 불려 그대로 먹을 수도 있고 다양한 요리에 곁들여 조리할 수 있어 활용도가 높다.

4 와일드 라이스

새까맣고 길쭉한 모양이 특징이며 씹는 맛이 고소하다. 곡물 중에서도 특히 단백질과 미네랄 함유량이 많고 식이섬유와 각종 비타민이 풍부해, 쌀보다 항산화 효과가 30배 이상 높다.

5 렌틸콩

세계 5대 건강식품으로 꼽히기도 한 렌틸콩은 식물성 단백질이 풍부하고, 비타민, 미네랄, 식이섬유도 많아서 혈관 건강에 좋고 피부 미용에도 탁월하다. 고소하면서도 부드러운 식감이 특징이며 따로 불릴 필요 없이 바로 조리하면 된다. 불려서 사용하면 오히려 형태가 뭉그러지고 식감도 떨어진다.

6 강낭콩

우리나라에서 가장 즐겨먹는 콩으로 종류에 따라 자주색 또는 보라색을 띠며, 식이섬유가 풍부해 소화가 잘 되는 특징이 있다. 단백질과 비타민 B군, 미네랄이 풍부해 성장기 아이들에게 특히 좋다. 알맹이에 윤기가 돌고 모양이 일정한 것이 좋으며 보관할 때는 습기가 없는 서늘한 그늘에 둔다. 햇콩은 불리지 않고 바로 조리해도 되며, 묵은콩은 하룻밤 정도 물에 불려서 사용한다.

7 노란콩

두부와 메주를 만들 때 가장 널리 쓰여 메주콩이라고도 불린다. 양질의 단백질이 가득해 소고기나 돼지고기와 비교해도 손색이 없으며 칼슘과 철분, 이소플라본 성분이 풍부해 골다공증을 예방하고 여성호르몬과 유사한 효능이 있어 여성들에게 특히 좋다. 알맹이가 고르고 껍질이 깨끗해 윤기가 도는 것이 좋다.

8 병아리콩

견과류처럼 고소한 맛과 포슬포슬한 식감이 특징이며 모양이 마치 병아리를 닮았다고 하여 병아리콩이라 불린다. 말린 형태와 불려서 캔에 담긴 형태로 구입할 수 있으며, 말린 콩은 하룻밤 정도 불려서 사용하고 캔에 담긴 콩은 흐르는 물에 한번 씻어서 사용하면 된다.

Super Grain
DIY Salad

건강에 좋아 자주 먹고 싶지만 어떻게 조리해야 할지 막막한 재료가 슈퍼곡물이에요. 어떻게 조리하고 어떤 재료와 드레싱이 잘 어울리는지 자세히 익혀보세요.

삶은 아마란스

아마란스 1/2컵

1 아마란스는 뜨거운 물에 담가 5시간 이상 불린다.

2 불린 아마란스를 끓는 물에 넣고 10분 정도 삶는다.

볶은 치아씨드

치아씨드 4큰술

1 조금 약한 불로 달군 팬에 치아씨드를 올려 2분 정도 볶는다.

2 볶은 치아씨드를 넓은 접시에 펼쳐 식힌다.

삶은 귀리

귀리 1컵, 올리브오일 1작은술

1 귀리는 씻어서 물에 담가 반나절 정도 충분히 불린다.

2 냄비에 물을 넉넉히 담고 불린 귀리를 넣어 20~30분 정도 탱글탱글하게 삶는다. 바로 찬물에 헹군 뒤 체에 밭쳐 물기를 빼고 올리브오일을 넣어 살살 버무린다.

삶은 와일드 라이스

와일드 라이스 1컵, 올리브오일 1작은술

1 냄비에 물을 넉넉히 붓고 깨끗이 씻은 와일드 라이스를 넣어 30분 정도 삶는다.

2 삶은 와일드 라이스를 체에 밭쳐 흐르는 물에 헹군 뒤 물기를 빼고 올리브오일에 버무린다.

Beans
DIY Salad

알갱이가 크고 흩어지기 쉬운 콩은 어떻게 샐러드
로 활용하면 좋을까요. 잎이 큰 샐러드 채소보다는
잔잔한 어린 잎 채소와 잘 어울리고 과일, 해물, 버
섯과 궁합이 좋답니다.

삶은 모둠콩

여러 가지 콩 1컵, 그린빈 5줄기, 올리브오일 1작은술, 소금 조금

1 끓는 물에 소금과 준비한 여러 가지 콩과 그린빈을 넣어 데친 뒤 찬물에 헹궈 물기를 뺀다.

2 그린빈은 한입 크기로 자르고 삶은 콩과 함께 올리브오일에 버무린다.

렌틸콩 볶음

렌틸콩 1컵, 다진 소고기 50g, 다진 파프리카 1큰술, 다진 양파 1큰술, 다진 마늘 1작은술, 굴소스 1작은술, 소금·후춧가루 약간씩

1 렌틸콩은 끓는 물에 7분 정도 삶는다. 다 익으면 찬물에 헹군 뒤 체에 받쳐 물기를 뺀다.

2 달군 팬에 다진 양파와 다진 마늘을 넣어 1분 정도 볶고 다진 소고기를 넣어 핏기가 사라질 때까지 볶는다. 렌틸콩을 넣고 골고루 볶다가 어느 정도 익으면 다진 파프리카와 굴소스, 소금, 후춧가루를 넣고 볶는다.

삶은 병아리콩

병아리콩 1/2컵, 올리브오일 1작은술

1 병아리콩은 씻어서 물에 담가 하룻밤 정도 불린다.

2 냄비에 불린 병아리콩과 2배 분량의 물을 담고 소금을 넣어 30분 정도 삶는다. 부드럽게 익으면 건져서 물기를 빼고 올리브오일로 버무린다.

병아리콩 구이

병아리콩 1/2컵, 올리브오일 1큰술, 메이플시럽 1큰술, 흑설탕 1큰술, 계핏가루 1/4작은술

1 병아리콩은 씻어서 물에 담가 하룻밤 정도 불린 뒤 물기를 제거하고 오븐 팬에 가지런히 담아 180℃ 오븐에서 30분 정도 굽는다.

2 구운 병아리콩에 올리브오일, 메이플시럽, 흑설탕, 계핏가루를 넣어 버무린 뒤 다시 오븐 팬에 담아 10분 정도 굽는다.

ingredient

삶은 아마란스 1/2컵(115p)
로메인 150g
방울토마토 5개
적양파 1/5개

머스터드 오일 드레싱

올리브오일 2큰술
씨겨자 1큰술
발사믹 글레이즈 1큰술
레몬즙 1큰술
화이트와인 비니거 1큰술
아가베시럽 1큰술, 소금 1작은술

상큼한 방울토마토와 로메인 사이에 삶은 아마란스를 조금씩 뭉쳐
듬성듬성 올려서 담아내면 신이 내린 곡물 샐러드가 완성됩니다.

1 방울토마토는 꼭지를 떼고 씻어서 반으로 썰고 적양파는 얇게 채 썰어 찬물에 담가 매운맛
을 뺀다. 로메인은 씻어서 물기를 빼고 한입 크기로 뜯는다.

2 분량의 재료를 섞어 머스터드 오일 드레싱을 만든다.

3 볼에 ①을 담고 드레싱을 반만 넣어 버무린 뒤 접시에 담고 삶은 아마란스를 듬성듬성 올
린 뒤 남은 드레싱을 끼얹는다.

Amaranth Salad
아마란스 샐러드

Chia Seed Grapefruit Salad

치아씨드 자몽 샐러드

고대 마야인들이 주식으로 즐겨 먹었다는 치아씨드를 살짝 볶아 상큼한 자몽 위에
듬뿍 올려내면 완성되는 샐러드예요. 냉장고에 있는 다양한 채소를 곁들여도 좋아요.

ingredient
볶은 치아씨드 4큰술(115p), 자몽 1개, 미니 파프리카 4개
자몽 허니 드레싱
자몽즙 1/2개 분량, 올리브오일 1큰술, 꿀 1작은술

1 볶은 치아씨드를 준비한다.

2 자몽은 양끝을 잘라내고 칼로 껍질을 벗긴 뒤 껍질 사이의 과육만 도려낸다.

3 미니 파프리카는 둥근 형태를 살려 얇게 슬라이스 한다.

4 분량의 재료를 섞어 자몽 허니 드레싱을 만든다.

5 그릇에 자몽과 파프리카를 담고 볶은 치아씨드를 듬뿍 끼얹은 뒤 드레싱을 뿌려낸다.

1

2

Lentil Bean Salad
렌틸콩 샐러드

다진 쇠고기와 다진 채소를 함께 고소하게 볶아 낸 렌틸콩을 활용한 색다른 샐러드예요.
한입에 쏙 먹을 수 있도록 만들어 특별하게 즐겨보세요.

ingredient
렌틸콩 볶음 1컵(117p), 양상추 1/2개, 어린잎 채소 약간

굴소스 드레싱
굴소스 1큰술, 다진 청양고추 1큰술, 다진 파 1작은술, 다진 마늘 1작은술, 청주 2큰술, 꿀 1작은술, 올리
브오일 1큰술, 설탕 1/2큰술

<u>1</u> 렌틸콩 볶음을 준비한다.

<u>2</u> 양상추는 깨끗이 씻어 한입 크기로 뜯는다. 아삭하지 않다면 얼음물에 잠시 담가두고
　먹기 전에 꺼내 손질한다.

<u>3</u> 분량의 재료를 섞어 굴소스 드레싱을 만든다.

<u>4</u> 접시에 양상추를 깔고 렌틸콩 볶음을 한 숟가락씩 올린 뒤 드레싱을 뿌린다.

<u>5</u> 마지막에 어린잎 채소를 올려 장식한다.

ingredient
병아리콩 2/3컵
오이 1/2개
망고 1/2개
방울토마토 8개
어린잎 채소 40g

망고 드레싱
곱게 간 망고 4큰술
다진 양파 2큰술
레몬즙 2큰술
올리브오일 2큰술
후춧가루 약간

동글동글 병아리콩을 투명한 컵에 넣고 다양한 과일, 채소와 함께 담아내니 어느새 근사한 요리가 되었어요. 간단한 아침 식사는 물론 간식으로도 아주 좋아요.

1 냄비에 불린 병아리콩과 물 1½컵, 소금을 넣고 30분 정도 삶는다. 삶은 병아리콩은 체에 밭쳐 물기를 뺀 뒤 식으면 올리브오일로 버무린다.

2 망고는 1cm 크기로 깍둑썰기 하고, 방울토마토는 4등분한다. 오이도 껍질째 비슷한 크기로 썬다. 어린잎 채소는 씻어서 물기를 뺀다.

3 분량의 재료를 골고루 섞어 망고드레싱을 만든다.

4 투명한 컵에 오이, 망고, 방울토마토, 병아리콩, 어린잎 채소를 담고 드레싱을 끼얹는다.

Chickpea Cup Salad
병아리콩 컵 샐러드

Beans Shrimp Salad

콩가득 새우 샐러드

영양이 풍부한 다양한 콩을 듬뿍 넣어 만든 건강 샐러드. 담백한 콩을
상큼한 그린 올리브 드레싱으로 버무리면 맛과 향이 살아나요.

ingredient
삶은 모둠콩 1컵(117p), 새우(대하) 8마리, 올리브오일 1큰술, 소금 1/2작은술, 후춧가루 약간

그린 올리브 드레싱
올리브오일 2큰술, 다진 그린 올리브 5개 분량, 다진 양파 1큰술, 다진 마늘 1/2작은술, 식초 2큰술, 소금·후춧가루 약간씩

1

2

<u>1</u> 삶은 모둠콩을 준비한다.

<u>2</u> 새우는 머리와 껍질, 내장을 제거하고 씻은 뒤 소금, 후춧가루를 뿌려 간을 한다.

<u>3</u> 달군 팬에 올리브오일을 두르고 새우를 올려 중간 불에서 2분 정도 앞뒤로 굽는다.

<u>4</u> 분량의 재료를 섞어 그린 올리브 드레싱을 만든 뒤 삶은 콩에 넣어 버무린다.

<u>5</u> 접시에 완성한 콩 샐러드를 담고 새우를 올려낸다.

렌틸콩 1/2컵
아마란스 1/2컵
귀리 1/2컵
방울토마토 6개
올리브오일 1큰술
소금 약간, 어린잎 채소 적당량

발사믹 오일 드레싱
발사믹식초 3큰술
올리브오일 2큰술
설탕 1큰술, 다진 양파 1큰술
소금 1/2작은술

작은 알갱이 속에 담긴 풍성한 영양분을 한 그릇에 담아냈어요. 미네랄과 단백질 함량이 높고 항산화 효과까지 뛰어난 슈퍼곡물을 맛있는 샐러드로 즐겨보세요.

1 렌틸콩은 끓는 물에 10분 정도 삶아 물기를 제거하고 올리브오일로 버무린다. 아마란스는 뜨거운 물에 5시간 이상 불려 끓는 물에 10분 정도 삶는다. 귀리는 반나절 정도 물에 불려서 끓는 물에 20분 정도 삶고 물기를 뺀 뒤 올리브오일로 버무린다.

2 방울토마토는 반으로 썰고 어린잎 채소는 씻어서 물기를 뺀다.

3 볼에 삶은 곡물들을 담고 분량의 재료를 섞어 만든 발사믹 오일 드레싱을 반만 넣어 버무린다.

4 접시에 ③을 담고 방울토마토와 어린잎 채소를 올린 뒤 남은 드레싱을 끼얹는다.

Super Grain Salad
슈퍼곡물 샐러드

Wild Rice Cold Salad

와일드 라이스
콜드 샐러드

Oat Mushroom Salad

귀리 버섯 샐러드

와일드 라이스 콜드 샐러드 Wild Rice Cold Salad

검은쌀과 비슷한 생김새에 길쭉한 모양을 하고 있는 와일드 라이스는 툭툭 터지는
씹는 맛이 고소해요. 노란색 단호박과 함께 담아내면 맛과 모양 모두 잘 어울려요.

ingredient
삶은 와일드 라이스 1컵(115p), 단호박 1/4개, 어린잎 채소 50g, 소금·후춧가루 약간씩, 올리브오일 적당
량

시나몬 레몬 드레싱
레몬즙 4큰술, 올리브오일 2큰술, 설탕 1작은술, 계핏가루 1/2작은술, 소금·후춧가루 약간

1

2

1 삶은 와일드 라이스를 준비한다.

2 단호박은 납작하게 반달모양으로 썰어 올리브오일을 두른 팬에 조금 약한 불로 굽는다.

3 어린잎 채소는 씻어서 물기를 뺀다.

4 분량의 재료를 섞어 시나몬 레몬 드레싱을 만든다. 삶은 와일드 라이스와 구운 단호박
   을 적당량의 드레싱으로 버무려 잠시 재운다.

5 양념이 배면 그릇에 담고 어린잎 채소를 올린 뒤 나머지 드레싱을 뿌린다.

귀리 버섯 샐러드 Oat Mushroom Salad

고소한 맛이 좋은 삶은 귀리를 상큼한 레몬 발사믹 드레싱으로 버무려 담고
구운 버섯을 곁들여 냈어요. 한 끼 식사로도 충분한 든든한 곡물 샐러드랍니다.

ingredient
삶은 귀리 1컵(115p), 새송이버섯 2개, 양송이버섯 3개, 표고버섯 2개, 어린잎 채소 40g, 소금·후춧가루
약간씩, 올리브오일 적당량

레몬 발사믹 드레싱
올리브오일 2큰술, 레몬즙 2작은술, 발사믹식초 1/2작은술, 소금·후춧가루 약간씩

1

2

1 삶은 귀리를 준비한다.

2 새송이버섯은 3~4등분으로 썰고 양송이버섯은 반으로 썬다. 표고버섯은 기둥 끝의 딱
   딱한 부분은 떼고 네 쪽으로 찢는다. 달군 팬에 버섯을 겹치지 않게 올리고 올리브오일
   과 소금, 후춧가루를 뿌려가며 앞뒤가 골고루 익도록 굽는다.

3 분량의 재료를 섞어 레몬 발사믹 드레싱을 만든다.

4 삶은 귀리를 적당량의 드레싱으로 버무려 접시에 담고 구운 버섯과 어린잎 채소를 곁들
   인 뒤 나머지 드레싱을 뿌린다.

EGG, TOFU, BREAD

달걀, 두부, 식빵을 활용한 DIY 샐러드

늘 집에 있는 달걀, 두부, 식빵은 장을 보지 못했을 때나 시간이 없을 때 활용하기 좋은 요긴한 재료예요. 평소에 자주 쓰면서도 잘 알지 못하는 달걀, 두부, 식빵의 종류와 선택법, 손질하는 방법을 익혀보세요. 달걀, 두부, 식빵만으로도 충분히 맛있고 근사한 샐러드를 만들 수 있답니다.

1 달걀

완전식품이라 불릴 정도로 균형 잡힌 영양분을 함유하고 있는 달걀은 가격도 저렴해 부담 없이 먹을 수 있는 그야말로 착한 재료이다. 비타민 C를 제외한 거의 모든 영양소를 갖추고 있으며 소화흡수율도 높다. 달걀 껍데기의 색깔은 품종과 닭의 사료에 의해 달라지는 것으로 맛이나 신선도에 차이는 전혀 없다. 껍데기가 매끈한 것보다는 까칠한 것이 싱싱하며 불빛에 비췄을 때 속이 투명하게 보이는 것이 좋다. 달걀은 보존성이 높은 식품이라 특별한 주의가 필요하지는 않지만, 오래도록 신선하게 보관하려면 뾰족한 부분이 아래로 가게 담아 놓는 것이 좋다. 둥근 부분에 기실이라는 숨구멍이 있기 때문이다. 또한 달걀은 냄새가 잘 스미는 특성이 있으니 생선이나 양파, 김치같이 향이 진한 것과는 함께 두지 않는다.

2 두부

영양이 풍부한 콩을 갈아서 만들어 소화흡수율이 높고, 조리도 간편해 여러 가지 요리에 다양하게 활용된다. 흔히 볼 수 있는 일반 두부 외에도 응고되지 않은 상태의 순두부, 일반 두부와 순두부의 중간 단계의 연두부가 있다. 두부를 고를 때는 표면이 매끈하고 모서리가 부서지지 않은 것이 좋다. 수분이 많아 상하기 쉬운 식품이므로 냉장고에 보관하고 두부가 완전히 잠길 정도의 물속에 담가 뚜껑을 덮거나 랩을 씌워둔다. 물은 매일 갈아준다.

3 식빵

바쁜 아침이나 늦은 점심, 빠르고 간편하게 자유자재로 응용할 수 있는 좋은 재료이다. 쫄깃쫄깃하면서도 씹을수록 고소한 맛이 특징이며 요즘은 식감이 거친 곡물식빵도 인기가 많다. 버터를 발라 가볍게 구워 샐러드 채소를 곁들여 먹거나, 식빵 사이에 채소를 끼워 샌드위치를 만들어도 좋다.

1

2

3

Egg & Tofu
DIY Salad

담백하고 고소한 맛의 달걀과 두부는
어떤 채소나 드레싱을 곁들여도 잘 어
울려요. 삶거나 굽거나 조려서 다양한
샐러드로 활용해보세요.

삶은 달걀

달걀 2개, 식초 1작은술

1 냄비에 달걀을 넣고 잠길 정도의 물을 부은 뒤 식초를 넣고 센 불에서 끓인다.

2 완숙은 15분, 반숙은 8~10분 정도 삶는다. 삶은 달걀은 바로 찬물에 담가 식히고, 껍데기를 벗겨 찬물에 담가둔다.

수란

달걀 2개, 식초 3큰술, 식용유·소금 약간씩

1 냄비에 물을 10cm 이상 높이로 붓고 소금과 식초를 넣어 끓인다. 국자 안에 식용유를 바르고 달걀 1개를 깨뜨려 담은 뒤, 끓는 물속으로 아주 천천히 담가 익힌다.

2 달걀흰자가 점점 불투명해지면서 하얀색으로 익으면 국자를 뒤집어 달걀을 물속에 넣어 1분 정도 더 익힌다. 완성된 수란은 찬물에 담가 둔다.

바삭 두부

두부 1모, 녹말가루 1/2컵, 소금 약간, 식용유 적당량

1 두부는 2.5cm 크기로 깍둑썰기 한 뒤 소금을 뿌리고 종이타월로 눌러 물기를 뺀다. 넓은 쟁반에 녹말가루를 펼치고 두부를 굴려 골고루 입힌다.

2 끓는 기름에 녹말을 입힌 두부를 넣어 두 번 정도 튀기고 종이타월에 올려 기름기를 뺀다.

두부조림

바삭 두부 1모, 조림 소스(간장 1½큰술, 청주 1큰술, 물 1큰술, 생강즙 1작은술, 다진 마늘 1작은술, 물엿 1큰술, 참기름·통깨 약간씩)

1 냄비에 조림 소스와 바삭 두부를 넣고 중간 불로 조린다. 한 번씩 두부를 돌려가며 간이 골고루 배도록 한다.

2 윤기가 나게 조려지면 두부를 꺼내 식혀서 한입 크기로 썬다.

Bread
DIY Salad

간편하고 든든해 자주 먹는 식빵은 샐러드에 활용하기에도 좋아요. 작게 썰어 크루통을 만들면 다양한 샐러드에 곁들이기 좋고, 바삭하게 굽거나 촉촉하게 익히면 과일이나 채소와 잘 어울려요.

크루통

통식빵 1/4개, 올리브오일 3큰술, 다진 마늘 1작은술, 파르미지아노 치즈가루 1큰술, 다진 파슬리 1큰술

1 통식빵은 사방 3cm 크기로 깍둑썰기 한다. 볼에 자른 식빵과 올리브오일, 다진 마늘, 파르미지아노 치즈가루, 다진 파슬리를 넣어 골고루 버무린다.

2 양념한 식빵은 오븐 팬에 담아 180℃ 오븐에서 8~10분 정도 굽는다. 달군 팬에 올려 앞뒤로 구워도 된다.

브레드 스틱

식빵 2장, 올리브오일 1/2큰술, 소금·후춧가루 약간씩

1 식빵의 가장 자리는 잘라내고 2cm 두께로 길쭉하게 썬다.

2 달군 팬에 올리브오일을 두르고 자른 식빵을 올린 뒤 소금, 후춧가루를 뿌려 조금 약한 불에서 앞뒤로 노릇하게 굽는다.

프렌치 토스트

식빵 2장, 버터 1큰술, 메이플시럽 2큰술, 달걀물(달걀 1개, 우유 1/2컵, 메이플시럽 1작은술, 소금 약간)

1 볼에 달걀물 재료를 담아 골고루 섞고, 삼각형 모양으로 반 자른 식빵을 푹 담근다.

2 달군 팬에 버터를 녹이고 달걀물 입힌 식빵을 올려 앞뒤로 굽는다. 접시에 담고 메이플시럽을 뿌린다.

ingredient
달걀 2개
식초 1큰술
로메인 120g
방울토마토 10개

마요네즈 드레싱
마요네즈 5큰술
레몬즙 1큰술
설탕 1큰술
소금 1/2작은술
후춧가루 약간

삶은 달걀과 방울토마토, 로메인을 고소한 마요네즈 드레싱으로 골고루 버무리면
완성이에요. 식빵 사이에 넣어 샌드위치 속으로 활용해도 좋답니다.

1 냄비에 달걀을 넣고 잠길 정도의 물을 부은 뒤 식초를 넣고 센 불에서 12분 정도 삶는다.
   삶은 달걀은 바로 찬물에 담가 식히고, 껍데기를 벗겨 4등분으로 썬다.

2 로메인은 찬물에 씻어 한입 크기로 뜯은 후 체에 밭쳐 물기를 뺀다. 방울토마토는 꼭지를
   따고 씻은 후 반으로 썬다.

3 분량의 재료를 섞어 마요네즈 드레싱을 만든다.

4 삶은 달걀과 로메인, 방울토마토를 드레싱으로 버무려낸다.

Egg Salad
달걀 샐러드

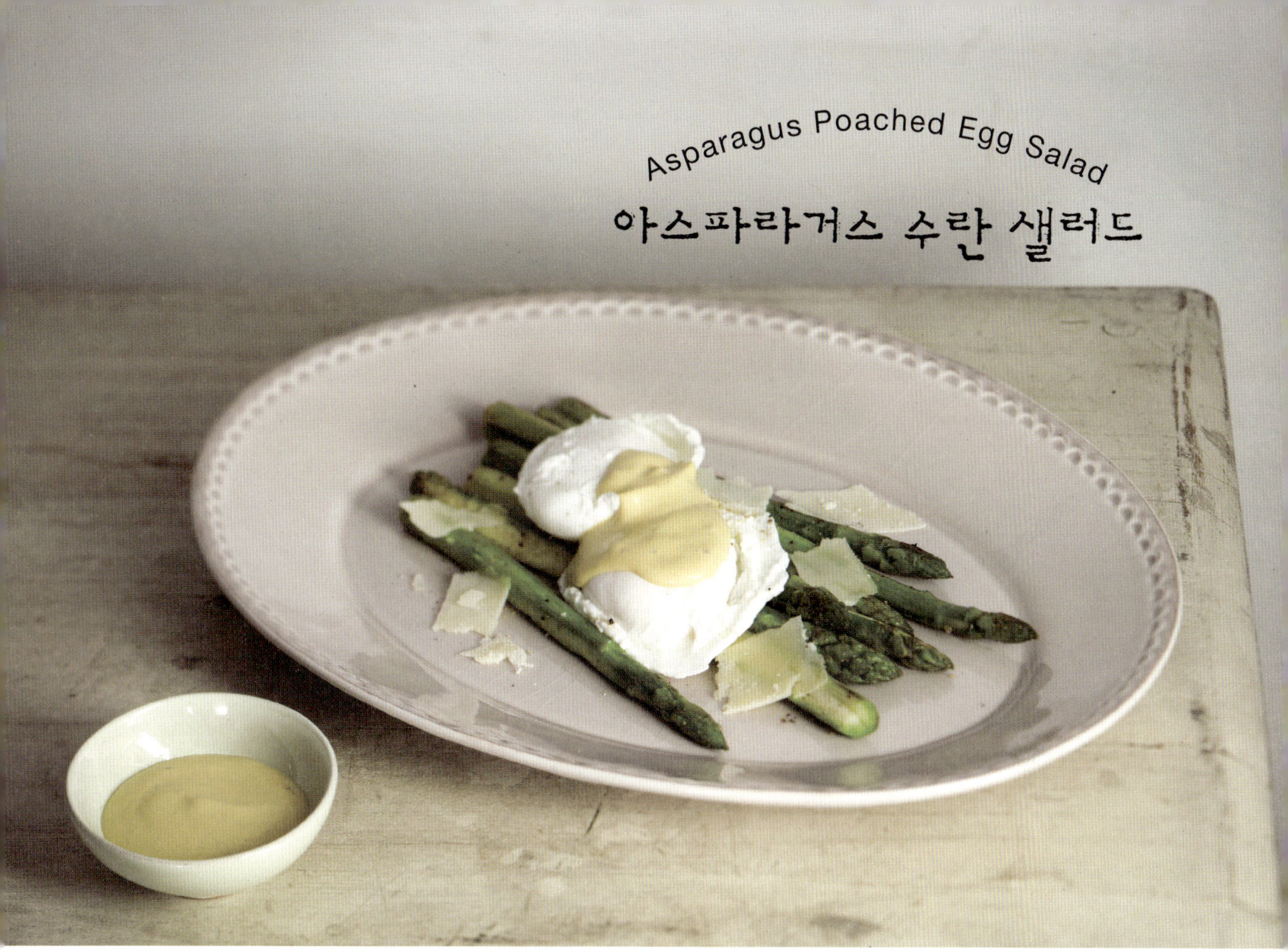

Asparagus Poached Egg Salad
아스파라거스 수란 샐러드

단백질이 풍부한 달걀과 피로 해소에 탁월한 아스파라거스로 우아한 한 끼를 즐겨보세요. 근사한 브런치 메뉴로도 좋아요.

ingredient

수란 2개(129p), 아스파라거스 10줄기, 소금·후춧가루 약간씩, 파르미지아노 치즈·올리브오일 적당량

머스터드 마요네즈 드레싱

마요네즈 1/2컵, 플레인 요구르트 2큰술, 디종 머스터드 1작은술, 씨겨자 1작은술

1 수란을 준비한다.

2 아스파라거스는 뿌리의 단단한 부분을 잘라내고 줄기 부분의 껍질을 필러로 벗긴 뒤 소금으로 문질러 부드럽게 손질한다.

3 달군 팬에 올리브오일을 두르고 손질한 아스파라거스를 올려 굽는다.

4 파르미지아노 치즈는 필러로 얇게 슬라이스 한다.

5 분량의 재료를 섞어 머스터드 마요네즈 드레싱을 만든다.

6 접시에 아스파라거스를 담고 수란을 올린 뒤 드레싱을 끼얹고 파르미지아노 치즈를 뿌린다.

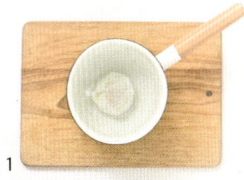

1

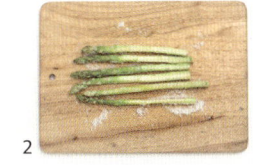

2

ingredient

두부조림 1모(129p)
어린잎 채소 100g
소금 약간

오리엔탈 드레싱

간장 2큰술
다진 양파 1큰술
다진 마늘 1작은술
맛술 1큰술
식초 1큰술
참기름 1큰술
통깨 1/2큰술, 설탕 1큰술

윤기가 흐르는 두부조림에 부드러운 어린잎 채소를 곁들여낸 밥반찬으로도 좋은
샐러드랍니다. 두부를 조릴 때는 고루 간이 밸 수 있도록 중간중간 숟가락으로 국물을 끼얹
어주면 좋아요.

1 두부조림을 준비한다.

2 어린잎 채소는 깨끗하게 씻어 물기를 뺀다.

3 접시에 어린잎 채소와 두부조림을 담고 분량의 재료를 섞어 만든 오리엔탈 드레싱을 뿌린다.

Braised Pan-Fried Tofu Salad

두부조림 어린잎 샐러드

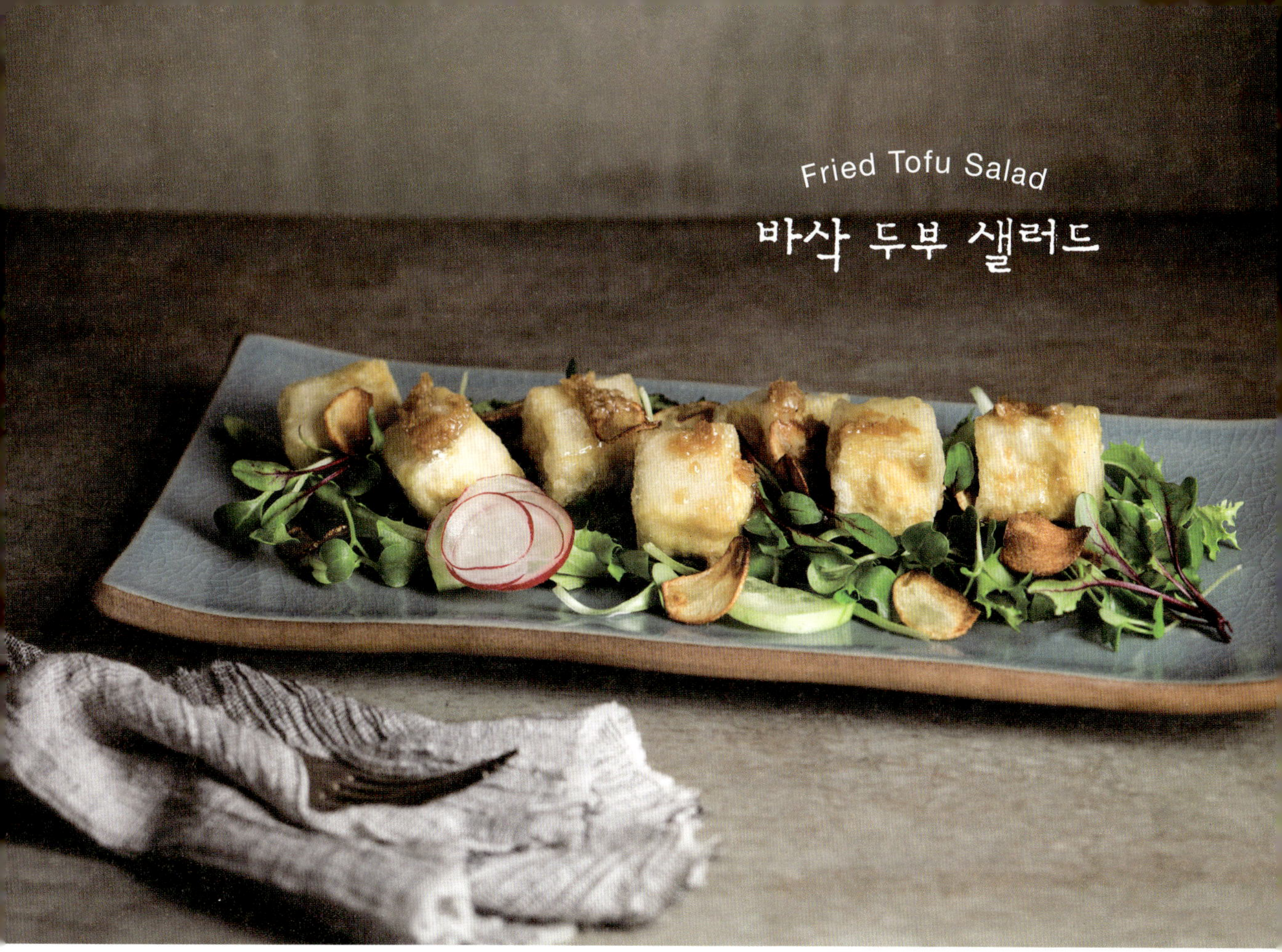

Fried Tofu Salad

바삭 두부 샐러드

평범하던 두부를 기름에 튀겨내기만 해도 완전히 다른 요리가 된답니다.
마늘 간장 드레싱을 곁들여 우리 입맛에 딱 맞는 한식 샐러드로 즐겨보세요.

ingredient

바삭 두부 1모(129p), 마늘 5쪽, 래디시 2줄기, 어린잎 채소 100g, 오이 1/2개

마늘 간장 드레싱

간장 2큰술, 다진 마늘 2큰술, 식초 2큰술, 설탕 1큰술, 포도씨유 3큰술, 물 2큰술, 참기름 1작은술, 후춧가루 약간

1 바삭 두부를 준비하고 두부를 튀길 때 얇게 저민 마늘도 함께 튀긴다.

2 래디시는 둥근 형태를 살려 얇게 슬라이스 한다. 오이는 0.3cm 두께로 어슷하게 썬다.

3 어린잎 채소는 씻어서 물기를 뺀다.

4 분량의 재료를 섞어 마늘 간장 드레싱을 만든다.

5 접시에 손질한 재료들과 바삭 두부를 담고 드레싱을 끼얹는다.

1

3

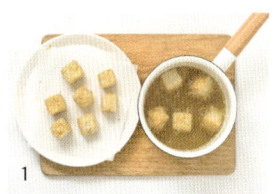

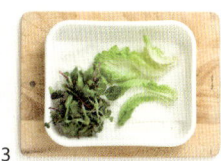

Bread Stick Salad

브레드 스틱 샐러드

Croutons Salad

크루통 샐러드

브레드 스틱 샐러드 Bread Stick Salad

오일을 발라 구운 고소한 브레드 스틱 위에
부드러운 크림치즈 단호박을 듬뿍 올려 먹는 달콤한 샐러드랍니다.

ingredient
브레드 스틱 4조각(131p), 단호박 1/4개, 크림치즈 50g, 우유 1~2큰술, 소금·후춧가루 약간씩

메이플 발사믹 드레싱
메이플시럽 1큰술, 발사믹식초 1작은술, 올리브오일 1큰술

1 브레드 스틱을 준비한다.

2 단호박은 씨를 긁어내고 끓는 물에 넣어 30분 정도 삶는다.

3 삶은 단호박이 따뜻할 때 으깨서 크림치즈와 섞어 부드럽게 만들고 우유로 농도를 조절
한뒤 소금, 후춧가루로 간을 맞춰 크림치즈 단호박을 완성한다.

4 분량의 재료를 섞어 메이플 발사믹 드레싱을 만든다.

5 그릇에 브레드 스틱과 크림치즈 단호박을 담고 드레싱을 곁들여낸다.

크루통 샐러드 Croutons Salad

남은 식빵을 활용해 바삭하게 크루통을 구워보세요. 상큼한 오이와 토마토,
셀러리를 비슷한 크기로 썰어 오일 드레싱으로 버무려내면 한입에 쏙 먹기도 좋은
샐러드가 완성됩니다.

ingredient
크루통 2컵(131p), 셀러리 1줄기, 오이 1개, 토마토 1개, 파슬리가루 1큰술

심플 오일 드레싱
올리브오일 4큰술, 발사믹식초 4큰술, 소금·후춧가루 약간씩

1 크루통을 준비한다.

2 셀러리는 뿌리를 자르고 겉껍질을 필러로 얇게 벗긴 뒤 어슷하게 썬다.

3 오이는 도톰하게 슬라이스 하고, 토마토는 반으로 갈라 씨를 빼고 오이보다 살짝 크게
썬다.

4 분량의 재료를 섞어 심플 오일 드레싱을 만든다.

5 볼에 크루통과 셀러리, 오이, 토마토, 파슬리가루를 담고 드레싱으로 버무린다.

Cooking
Class·03

누구나 쉽게 따라 하는

Special SALAD

스페셜 샐러드

몸은 가볍고 속은 든든한

한 끼 샐러드

몸은 가볍고 속은 든든한 한 끼 샐러드를 즐겨보세요. 다이어트 중이거나 건강을 위해 식단을 조절해야 한다면 더욱 좋답니다. 각종 채소와 부재료를 활용해 맛과 영양을 듬뿍 담아보세요.

Special
SALAD 01

상큼한 자몽은 어떤 재료와도
잘 어울리는 착한 과일이에요.
소고기를 오일소스로 마리네이드하여
굽고 루콜라를 곁들이면
근사한 한 끼 샐러드가 됩니다.

루콜라 자몽 샐러드

ingredient
소고기(채끝살) 150g
루콜라 100g
자몽 1개
아보카도 1/2개
레몬즙 적당량
소금·후춧가루·올리브오일 약간씩

1

2

3

4

5

1 자몽을 깨끗이 씻어 껍질은 제스터로 긁어 따로 두고, 과육은 적당한 크기로 썬다.

2 소고기는 사방 2.5cm 크기로 썰어 소금, 후춧가루, 올리브오일, ①의 자몽 껍질로 버무려 놓는다.

3 아보카도는 껍질을 벗겨 소고기와 같은 크기로 썬 다음 레몬즙을 끼얹는다.

4 달군 팬에 올리브오일을 두르고 ②의 소고기를 올려 굽는다.

5 볼에 준비한 재료를 모두 담고 자몽 드레싱을 넣어 살살 버무린다. 모자란 간은 소금과 후춧가루로 맞춘다.

껍질을 얇고 가늘게 벗기는 데 활용하는 제스터가 없을 때는 일반 칼로 껍질을 얇게 벗긴 다음 채 썰면 됩니다.

 자몽 드레싱 만들기

 + + + + + + +

| 자몽즙 1/2개 분량 | 다진 양파 1큰술 | 디종 머스터드 1/2큰술 | 레드와인 비니거 1/2큰술 | 올리브오일 1큰술 | 설탕 1/2큰술 | 소금·후춧가루 약간씩 | 허브가루 적당량 |

큼직한 크기로 시원하게 썬 키위와 샐러드 채소들을 비롯해
아삭아삭한 영양 덩어리 그린빈을 가득 넣었어요.
상큼한 키위 드레싱으로 맛을 더하면 완성이랍니다.

Green Green Salad
그린 그린 샐러드

ingredient

샐러드 채소(로메인, 비타민,
겨자 잎 등) 150g
키위 2개
그린빈 10줄기
아스파라거스 4줄기
소금 약간

1

2

3

4

1 끓는 물에 그린빈과 아스파라거스, 소금을 넣고 살짝 데친 뒤 찬물에 담가 식히고 반으로 썬다.

2 샐러드 채소는 깨끗이 씻어 얼음물에 담가두었다가 먹기 직전에 물기를 뺀다.

3 키위는 껍질을 벗긴 후 세로로 4등분하고 다시 반으로 큼직하게 자른다.

4 준비한 채소와 그린빈을 접시에 담고, 키위를 올린 다음 키위 드레싱을 뿌린다.

그린빈은 오래 데치면 맛이 없어요. 살짝만 데쳐서 차갑게 보관해야 아삭한 맛이 살아나요.

키위 드레싱 만들기

 + + + + +

| 곱게 간 키위
1개 분량 | 다진 양파
15g | 레몬즙
1큰술 | 메이플시럽
1큰술 | 올리브오일
2큰술 | 소금·후춧가루
약간씩 |

보통 해초 샐러드는 초고추장이나
겨자 소스로 맛을 내는 것이
일반적이지만 새콤달콤한 드레싱으로
버무려도 잘 어울려요.
두부와 과일을 곁들이면
맛과 영양이 더욱 좋아진답니다.

두부 과일 해초 샐러드

Tofu Fruit Seaweed Salad

ingredient

두부 1모
딸기 10개
불린 미역 · 톳 1컵
양파 1/4개
소금 약간

1 2 3
4 5

1 두부는 살짝 데쳐 2cm 크기로 깍둑썰기 하고 종이타월에 올려 소금을 살짝 뿌려둔다.

2 ①에 유자 레몬 드레싱을 반만 끼얹어 냉장고에서 30분 정도 재운다. 남은 드레싱도 냉장고에 차게 둔다.

3 끓는 물에 미역과 톳을 살짝 데치고 찬물에 씻어 물기를 꼭 짠 뒤 먹기 좋게 썬다.

4 딸기는 깨끗이 씻어 꼭지를 따고 반으로 썬다. 양파는 가늘게 채 썬다.

5 볼에 ②의 두부와 미역, 톳, 딸기, 양파를 담고 남은 드레싱을 끼얹어 살살 섞는다.

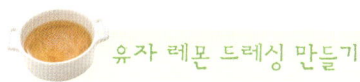 유자 레몬 드레싱 만들기

 + + + + + +

| 유자청 2큰술 | 다진 마늘 1/2작은술 | 레몬즙 1개 분량 | 올리브오일 2큰술 | 식초 1큰술 | 소금 1/2작은술 | 후춧가루 약간 |

비타민이 풍부한 단감을 말리면

식감도 부드러워지고 영양도 더욱 높아져요.

고소한 리코타 치즈와도 놀라울 정도로 잘 어울려 모두가 깜짝 놀랄 거예요.

리코타 치즈 단감 샐러드

ingredient
로메인 150g
리코타 치즈 100g
말린 단감 또는 곶감 2/3컵
아몬드 슬라이스 1/5컵
호두 5알

1

2

3

4

1 로메인은 밑동을 썰어 깨끗이 씻은 뒤 체에 밭쳐 물기를 뺀다.

2 말린 단감은 먹기 좋은 크기로 썬다.

3 달군 팬에 아몬드 슬라이스와 호두를 올려 중간 불에서 2~3분 정도 바삭하게 굽는다.

4 접시에 로메인과 리코타 치즈, 말린 단감을 담고 요구르트 드레싱을 끼얹은 뒤 구운
호두와 아몬드 슬라이스를 뿌린다.

말린 단감 대신 생 단감을 활용해도 괜찮아요. 말린 단감은 마트 냉동 코너에서 사계절 구할 수 있답
니다.

 요구르트 드레싱 만들기

 + + + + + +

| 플레인
요구르트
4큰술 | 파슬리가루
1/2작은술 | 다진 양파
2작은술 | 설탕
2작은술 | 소금
1/2작은술 | 레몬즙
1큰술 | 올리브오일
1큰술 |

블루베리에는 안토시아닌 성분이
풍부해 항산화 효과가 뛰어나요.
타임지가 선정한 10대 슈퍼푸드에도
포함되어 있답니다. 바쁜 아침 시간에
후다닥 만들기 좋고 속은 든든한 샐러드입니다.

블루베리 뮤즐리 샐러드

ingredient
생블루베리 100g
딸기 10개
바나나 2개
뮤즐리 50g

1

2

3

4

<u>1</u> 블루베리는 씻어서 물기를 빼고, 딸기는 씻어서 꼭지를 떼고 반으로 썬다.

<u>2</u> 바나나는 껍질을 벗겨 한입 크기로 썬다.

<u>3</u> 볼에 블루베리, 딸기, 바나나를 넣고 참깨 마요네즈 드레싱으로 골고루 버무린다.

<u>4</u> ③을 그릇에 담고 뮤즐리를 뿌린다.

 참깨 마요네즈 드레싱 만들기

 + + + + +

플레인 요구르트
3큰술

마요네즈
2큰술

참깨가루
1큰술

우유
1작은술

식초
1큰술

설탕
1작은술

감자 한 개에는 대부분의 영양소가 골고루 들어있어서,

감자를 즐겨 먹으면 영양 결핍에 걸리지 않는다고 해요.

영양 만점 감자와 달콤한 고구마를 한입 크기로 먹기 좋게 썰어서 준비하세요.

감자 고구마 샐러드

ingredient
감자(중) 1개
고구마(중) 1개
사과 1개
오이 1/2개
오이 피클 2개
아몬드 슬라이스 1/4컵

1

2

3

4

5

1 감자와 고구마를 솔로 문질러 흙을 깨끗하게 씻어내고 껍질째 3cm 두께로 슬라이스 한다.

2 끓는 물에 ①을 넣고 무르지 않게 20분 정도 삶은 뒤 3cm 크기로 깍둑썰기 한다.

3 사과와 오이는 깨끗이 씻어 껍질째 1cm 크기로 깍둑썰기 하고 오이피클은 좀 더 작은 크기로 썬다.

4 아몬드 슬라이스는 마른 팬에 올려 바삭하게 굽는다.

5 준비한 감자, 고구마, 사과, 오이, 오이 피클을 메이플 요구르트 드레싱으로 버무려 접시에 담고 아몬드 슬라이스를 뿌린다.

 **메이플 요구르트 드레싱 만들기**

 + + + + + +

| 플레인 요구르트 85g | 메이플시럽 1큰술 | 레드와인 비니거 1큰술 | 씨겨자 1큰술 | 레몬즙 1작은술 | 레몬 제스트 1개 분량 | 다진 파슬리 1작은술 | 소금·후춧가루 약간씩 |

쿠스쿠스는 지중해 지방에서 고기나 채소 등과 함께 조리해서 밥처럼

즐겨 먹는 건강 곡물이에요. 단백질은 풍부하고 칼로리는 낮아

다이어트에도 정말 좋아요.

Couscous Salad

쿠스쿠스 샐러드

ingredient

쿠스쿠스 2/3컵
주키니 호박 50g
피망 1/2개
양파 1/8개
통조림 옥수수 1/4컵
건포도 2큰술
올리브오일 적당량

1

2

3

4

5

1 넓은 그릇에 쿠스쿠스를 담고 뜨거운 물을 자작하게 부어 뒤섞은 다음 랩을 씌워 잠시 둔다.

2 주키니 호박과 피망, 양파를 깨끗이 씻어 옥수수와 비슷한 크기로 네모지게 썬다.

3 옥수수는 체에 밭쳐 물기를 뺀다.

4 쿠스쿠스가 촉촉해지면 랩을 벗기고 옥수수와 건포도, 올리브오일 1작은술을 넣어 섞는다. 쿠스쿠스가 덩어리지지 않도록 잘 풀어준다.

5 달군 팬에 올리브오일을 두르고 ②의 채소를 넣어 볶다가 마지막에 ④를 넣어 볶는다. 토마토 드레싱을 곁들여낸다.

쿠스쿠스가 촉촉하지 않으면 뜨거운 물을 조금 더 부어 뒤섞어보세요.

 토마토 드레싱 만들기

 + + + + +

다진 토마토 1/2컵 　다진 양파 2큰술 　올리브오일 3큰술 　식초 2큰술 　바질가루 1/2작은술 　소금 약간 　후추 약간

동글동글 한입에 먹고 싶어지는
알감자를 삶아 진한 바질 드레싱으로
버무려서 간단히 샐러드를 만들어보세요.
한 끼 식사로 충분할 뿐만 아니라
밥반찬으로 활용해도 좋아요.

알감자 바질 샐러드

ingredient
알감자 15개
메추리알 10개
메주콩 2/3컵
바질 4장
소금·후춧가루 약간씩

1   2   3

4   5   6

1 콩은 반나절 정도 물에 불려 냄비에 담고 소금을 조금 넣어 20분 정도 삶은 뒤 체에 받쳐 식힌다.

2 메추리알은 5분 정도 삶아 바로 찬물에 담그고 껍질을 벗긴다.

3 알감자는 솔로 문질러 깨끗이 씻은 뒤 끓는 물에 넣고 소금 1작은술로 간한다. 물이 끓어오르면 약한 불로 줄여 10분 정도 더 삶는다.

4 삶은 알감자는 체에 받쳐 물기를 뺀 뒤 따뜻할 때 반으로 자른다.

5 볼에 알감자와 메추리알, 콩을 담고 견과 바질 페스토 드레싱으로 버무린 다음 소금, 후춧가루로 간한다.

6 ⑤를 그릇에 담고 바질을 잘게 썰어 올린다.

\# 알감자가 뜨거울 때 드레싱과 버무려야 맛이 잘 배인 답니다.

 견과 바질 드레싱 만들기

 + + + + + + +

올리브오일 1/2컵   다진 바질 1/2컵   파슬리가루 1/4컵   곱게 간 잣 2큰술   곱게 간 호두 2큰술   파르미지아노 치즈가루 1큰술   다진 마늘 1큰술   화이트와인 비니거 1큰술

 +

소금 1/2작은술   후추 약간

닭가슴살은 지방이 없어 담백하고 깔끔하지만,

식감이 퍽퍽해 오일이나 소스를 이용해 부드러움을 살리면 좋아요.

중화풍 드레싱을 곁들여 색다른 닭가슴살 샐러드를 만나보세요.

Chinese Chicken Breast Salad

중화풍 닭가슴살 샐러드

ingredient

닭가슴살 2쪽
샐러드 채소(양상추, 겨자 잎,
비타민 등) 100g
양송이버섯 50g
방울토마토 5개
셀러리 1/2줄기
오이 1/2개
치킨스톡 5g
다진 땅콩 2큰술

1 냄비에 물 2컵과 치킨스톡을 넣고 끓여 닭국물을 낸다. 닭국물에 닭가슴살을 넣어 삶고 식으면 손으로 잘게 찢는다.

2 양송이버섯은 기둥을 살려 얇게 슬라이스 한 뒤 소금과 후춧가루로 간해 팬에 볶는다.

3 방울토마토는 꼭지를 떼고 씻은 뒤 반으로 가른다. 셀러리는 송송 썰고 오이는 반달 모양으로 슬라이스 한다.

4 샐러드 채소는 깨끗이 씻어 물기를 빼고 한입 크기로 썬다.

5 넓은 접시에 샐러드 채소와 ③의 채소, 닭가슴살, 양송이버섯을 담은 뒤 땅콩 해선장 드레싱을 골고루 뿌리고 마지막으로 다진 땅콩을 뿌린다.

땅콩 해선장 드레싱 만들기

	+		+		+		+		+	
땅콩잼 1큰술		설탕 1큰술		해선장 2큰술		레몬즙 2큰술		생강즙 1작은술		참기름 1작은술

렌틸콩은 단백질과 비타민,
각종 미네랄이 듬뿍 함유된 슈퍼 곡물이죠.
부드러운 생크림으로
맛을 더하면 맛있고 든든한
한 끼 식사가 된답니다.

Lentil Bean Sweet Potato Salad

렌틸콩 고구마 범벅

ingredient
렌틸콩 1/2컵
고구마 2개
다진 양파 1/4개
통조림 옥수수 4큰술
말린 크랜베리 3큰술
견과류 1/4컵

1

2

3

4

1 렌틸콩을 끓는 물에 넣어 10분 정도 삶는다.

2 고구마는 삶아서 껍질을 벗기고 볼에 담아 곱게 으깬다.

3 견과류는 마른 팬에 바삭하게 볶은 뒤 굵게 다진다.

4 볼에 준비한 재료를 모두 담고 메이플 생크림 드레싱을 넣어 골고루 버무린다.

고구마의 당도에 따라 단맛이 달라질 수 있어요. 단맛을 더 내고 싶을 때는 메이플시럽의 양을 조절
하세요.

 메이플 생크림 드레싱 만들기

 + +

생크림   메이플시럽   소금
4큰술   2큰술   1작은술

풍부한 식이섬유와 하루 권장량의 비타민 C를 함유한 콜리플라워는
어떤 방식으로 조리해도 맛이 좋아요. 치즈와 생크림을 듬뿍 넣어
콜리플라워 그라탱을 굽고 뿌리채소까지 곁들이면 근사한 일품요리가 된답니다.

Root Vegetables & Cauliflower Gratin
구운 뿌리채소와 콜리플라워 그라탱

ingredient
콜리플라워 200g
연근 100g
우엉 1/2뿌리
적양파 1개
체다 치즈 80g
크림치즈 60g
생크림 1/2컵
버터 1큰술
밀가루 2큰술
다진 마늘 1/2큰술
올리브오일 1큰술
소금 1/4작은술
후춧가루 약간

1   2   3

4   5   6

1 연근은 0.4cm 두께로 슬라이스 하고, 우엉은 필러로 길고 얇게 깎는다. 적양파는 0.5cm 두께의 링 모양으로 썬다.

2 콜리플라워는 작게 썰어 끓는 물에 데치고 믹서에 곱게 간다.

3 달군 팬에 버터를 녹이고 다진 마늘과 밀가루를 넣어 가볍게 볶다가 생크림을 붓고 약한 불에서 덩어리지지 않게 저어가며 끓인다.

4 부드러운 크림이 완성되면 ②를 넣고 저어가며 끓인다.

5 오븐 용기에 ④를 담고 그 위에 체다 치즈와 크림치즈를 골고루 올린 뒤 180℃ 오븐에서 20분 정도 굽는다.

6 오븐 팬에 준비한 연근과 우엉, 적양파를 담고 올리브오일과 소금, 후춧가루를 뿌려 ⑤의 그라탱과 함께 오븐에 굽는다. 땅콩잼 드레싱을 곁들여낸다.

땅콩잼 드레싱 만들기

  마요네즈 2½큰술
+
 땅콩잼 1큰술
+
 다진 마늘 1/4작은술
+
 깨소금 1/2큰술
+
 레몬즙 1큰술
+
 올리브오일 1/2큰술
+
 우유 1/2큰술
+
 통깨 1/2작은술

10분이면 근사한 한 그릇 요리로 탄생하는 파스타 샐러드예요.
매콤한 칠리소스가 입맛을 돋워준답니다. 냉장고에 넣었다가 차갑게 먹어도 좋아요.

펜네 샐러드

ingredient

펜네 200g
사과 1개
노랑·빨강 파프리카 1/2개씩
셀러리 1줄기
크래미 4개
올리브오일 1작은술
소금·후춧가루 약간씩

1   2   3

1 끓는 물에 펜네와 소금을 넣고 8분 정도 삶는다. 익으면 찬물에 헹궈 물기를 빼고 올리브오일로 버무려 쟁반에 펼쳐둔다.

2 파프리카는 채 썰고, 셀러리는 어슷하게 썬다. 사과는 1.5cm 크기로 깍둑썰기 하고 크래미는 손으로 잘게 찢는다.

3 볼에 준비한 재료를 모두 담고 칠리 드레싱으로 버무린다.

\# 좀 더 매콤한 맛을 원할 때는 핫소스 칠리 드레싱(35p)을 사용하세요.

 칠리 드레싱 만들기

 + + + + + +  +

다진 붉은 고추 1½개   마늘 2작은술   설탕 2큰술   레몬즙 2큰술   라임즙 3큰술   피시소스 2큰술   스리라차 칠리소스 2큰술   소금·후춧가루 약간씩

클로티드 크림(Clotted Cream)은 지방 함량이 높은 우유를 오븐에서 가열해 만든
영국식 고형 크림이에요. 진하고 고소한 맛이 일품이랍니다.

클로티드 크림 대신 크림치즈를 사용해도 좋아요.

Clotted Mandarine Marmalade Salad

클로티드 귤청 샐러드

ingredient

귤청 1/2컵
양상추 1/4통
엔다이브 1개
클로티드 크림 또는
크림치즈 5큰술
치아바타 1개

1

2

3

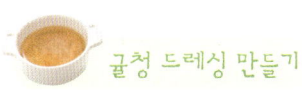
4

1 엔다이브는 깨끗이 씻어 한입 크기로 썬다.

2 양상추는 깨끗이 씻어 손으로 작게 뜯는다.

3 치아바타는 반으로 잘라 달군 팬에 앞뒤로 굽는다.

4 접시에 엔다이브와 양상추를 담고 클로티드 크림과 귤청을 올린 다음 귤청 드레싱을
  끼얹는다. 구운 치아바타를 곁들여낸다.

 귤청 드레싱 만들기

 + 화이트와인 비니거 2큰술 + 소금 약간 + 후춧가루 약간

귤청액
2큰술

화이트와인 비니거
2큰술

소금
약간

후춧가루
약간

샐러드에 사용하는 훈제오리는 기름기가 적은 가슴살로 준비해보세요.
더욱 담백하고 깔끔한 샐러드를 즐길 수 있답니다.

Smoked Duck Breast Salad

훈제오리 가슴살 샐러드

ingredient
훈제오리(가슴살) 200g
오렌지 1개
샐러드 채소 150g

1

2

3

4

1 달군 팬에 훈제오리를 올려서 구운 뒤 종이타월로 눌러 기름기를 뺀다.

2 오렌지는 껍질을 벗기고 과육만 먹기 좋은 크기로 썬다.

3 샐러드 채소는 깨끗이 씻어 얼음물에 담가두었다가 먹기 직전에 적당한 크기로 썬다.

4 접시에 샐러드 채소를 담고 오렌지와 훈제오리를 골고루 올린 다음 무 유자 드레싱을 끼얹는다.

 무 유자 드레싱 만들기

	+		+		+		+		+		+	
유자청 1/2큰술		유자즙 1큰술		식초 1큰술		곱게 간 무 1/4컵		다진 실파 1큰술		청주 1/2큰술		물 3큰술

집에서 근사하게 즐기는

카페 샐러드

카페에 가면 꼭 주문하게 되는 대표 샐러드와 최근
유행하는 인기 샐러드를 소개합니다. 집에서도 누구
나 쉽게 따라 할 수 있도록 간편한 재료들로 레시피
를 채우고, 만드는 과정을 자세히 담았어요.

Special
SALAD 02

카페와 레스토랑 메뉴에서 절대 빠지지 않는 인기 샐러드죠.
영양 만점 토마토와 쫄깃한 모차렐라 치즈를 가장 생생하고 맛있게 즐길 수 있어요.

Caprese Salad

카프레제 샐러드

ingredient

생모차렐라 치즈 120g
토마토 1개
바질 5장

1

2

3

1 모차렐라 치즈는 0.5cm 두께로 둥근 모양을 살려 슬라이스 한다.

2 토마토도 치즈와 같은 두께로 둥근 모양을 살려 슬라이스 한다.

3 접시에 토마토와 모차렐라 치즈를 번갈아가며 돌려 담은 뒤 발사믹 오일 드레싱을 뿌리고 바질을 한 잎씩 뜯어 올려낸다.

토마토 오일 드레싱(22p)을 곁들여도 잘 어울려요.

 **발사믹 오일 드레싱 만들기**

 +  +  + +

| 발사믹식초 | 올리브오일 | 다진 양파 | 설탕 | 소금 |
| 3큰술 | 2큰술 | 1큰술 | 1큰술 | 1/2작은술 |

고소하고 상큼한 리코타 치즈를 직접 만들어
샐러드로 즐겨보세요. 카페에서 먹던 맛보다
더욱 좋아서 놀랄 거예요.

리코타 치즈 샐러드

ingredient

리코타 치즈 150g
(우유 1L, 생크림 400mL
꿀 1큰술, 소금 1큰술,
레몬즙 1개분)
샐러드 채소 150g
방울토마토 5개
말린 크랜베리 1큰술
아몬드 10개

1

2

3

4

5

6

1 냄비에 우유, 생크림, 꿀, 소금, 레몬즙을 넣고 중간 불에서 서서히 끓인다. 우유가 응고되기 시작하면 가끔 나무 주걱으로 저어준다.

2 나무 주걱에 치즈가 묻어날 정도로 응고되면 불을 끄고 면보에 걸러 리코타 치즈를 완성한다.

3 샐러드 채소는 씻어서 물기를 뺀 뒤 한입 크기로 자른다.

4 방울토마토는 꼭지를 떼어 깨끗이 씻는다.

5 아몬드는 프라이팬에 타지 않을 정도로 볶아 식힌 후 잘게 다진다.

6 접시에 채소와 방울토마토를 담은 뒤 리코타 치즈를 듬뿍 올리고 발사믹 오일 드레싱과 다진 아몬드, 말린 크랜베리를 뿌린다.

리코타 치즈를 만들 때는 저지방 우유 말고 꼭 일반 우유를 사용하세요.

 발사믹 오일 드레싱 만들기

 + +  + +

발사믹식초
3큰술

올리브오일
2큰술

다진 양파
1큰술

설탕
1큰술

소금
1/2작은술

망고는 남녀노소 누구에게나 사랑받는 열대 과일이죠. 보기도 좋고 맛도 좋은
인기 만점 망고 샐러드를 간단하게 만들어 근사하게 즐겨보세요.

Mango Salad

망고 샐러드

ingredient

망고 1개
샐러드 채소 100g
루콜라 50g
호두 1/3컵

1

2

3

4

1 호두는 굵게 다져 마른 팬에 올리고 타지 않게 볶는다.

2 샐러드 채소와 루콜라는 깨끗이 씻어서 물기를 빼고 먹기 좋은 크기로 자른다.

3 망고는 반으로 갈라 과육만 네모지게 썬다.

4 컵에 준비한 채소를 담고 망고를 올린 다음 호두와 허니 마요네즈 드레싱을 끼얹어
   낸다.

이탈리안 드레싱(20p)을 곁들이면 조금 더 산뜻한 맛을 낼 수 있어요.

 허니 마요네즈 드레싱 만들기

마요네즈
4큰술

+

꿀
4작은술

+

디종 머스터드
2작은술

+

씨겨자
1작은술

+

레몬즙
2큰술

+

올리브오일
2큰술

1890년경 뉴욕에 있는 월도프 아스토리아 호텔에서 처음 소개한 요리로 이제는 세계인에게 사랑받는 샐러드랍니다. 사과와 포도, 셀러리, 호두 등을 한입 크기로 썰고 마요네즈로 버무리면 완성이에요.

Waldorf Salad

월도프 샐러드

1 2 3

4 5

ingredient

사과 1개
씨 없는 포도 20알
셀러리 2줄기
양상추 2장
건포도 1/4컵
호두 1/4컵
마요네즈 8큰술

1 셀러리는 겉껍질을 얇게 벗겨내고 1cm 길이로 송송 썬다.

2 사과는 깨끗이 씻어 껍질째 사방 2cm 크기로 네모지게 썰어 설탕물에 담가둔다.

3 포도는 한 알씩 떼어 깨끗이 씻은 뒤 반으로 썰고 호두는 굵게 다진다.

4 볼에 셀러리와 사과, 포도, 다진 호두, 건포도를 담고 마요네즈로 버무린다.

5 컵에 양상추를 세워 담고 ④를 듬뿍 담아낸다.

양젖으로 만든 페타 치즈는 세계에서 가장 오래된 치즈 중의 하나로
맛과 영양이 뛰어나답니다. 소화가 잘되고 상큼한 페타 치즈는 그냥 먹어도 맛있지만
달콤한 과일과 아삭한 채소를 곁들이면 더욱 좋답니다.

페타 치즈 샐러드

ingredient

페타 치즈 1/2컵
로메인 8~9장
대추토마토와 방울토마토 1컵
오이 1/2개
양파 1/4개
블랙 올리브 6개

1

2

3

4

5

1 로메인은 깨끗이 씻어 물기를 뺀다.

2 오이는 필러를 이용해 껍질째 얇고 길게 썬다.

3 토마토는 꼭지를 떼고 씻어서 반으로 자른다. 양파는 얇게 채 썰고, 블랙 올리브는
   반으로 가른다.

4 페타 치즈는 작게 손으로 뚝뚝 뜯어 놓는다.

5 그릇에 로메인을 먹기 좋게 손으로 뜯어 담고 오이와 토마토, 양파, 올리브, 페타 치
   즈를 얹는다. 마지막에 레몬 딜 드레싱을 끼얹는다.

레몬 딜 드레싱 만들기

올리브오일
3큰술

\+

레몬즙
2큰술

\+

다진 딜
1큰술

\+

꿀
1큰술

\+

씨겨자
1/2큰술

\+

소금·후춧가루
약간씩

이탈리아에서 무더운 여름철에 즐겨 먹는 샐러드예요.

모든 재료를 큼직하게 썰어서 준비하고 상큼한 드레싱으로 버무려내면 저절로 폼 나는 메뉴랍니다.

판자넬라

ingredient

소고기(살치살) 150g
바게트 20cm
파프리카 1개
오이 1개
셀러리 1줄기
토마토 1개
올리브오일 적당량
소금·후춧가루 약간씩

1   2   3

4   5   6

1 소고기는 사방 3cm 크기로 네모지게 썰고 올리브오일과 소금, 후춧가루로 버무려 10분 정도 재운다.

2 바게트는 사방 3cm 크기로 네모지게 썰어 올리브오일, 소금, 후춧가루로 버무려 180℃ 오븐에서 10분 정도 굽는다.

3 파프리카는 꼭지와 씨를 떼고 사방 1.5cm 크기로 네모지게 썰고, 오이도 같은 크기로 썬다. 셀러리도 필러로 겉껍질을 벗긴 뒤 같은 크기로 썬다.

4 토마토는 꼭지를 떼고 윗부분에 십자 모양의 칼집을 내 끓는 물에 살짝 데친 뒤, 껍질을 벗기고 바게트와 같은 크기로 썬다.

5 달군 팬에 올리브오일을 두르고 밑간한 소고기를 올려 골고루 굽는다.

6 볼에 준비한 재료를 모두 담아 레드와인 드레싱으로 버무린다.

바질 오일 드레싱(23p)을 곁들여도 잘 어울려요.

 레드와인 드레싱 만들기

	+		+		+		+		+		+		+	
올리브오일 5큰술		레드와인 비니거 2큰술		다진 양파 2큰술		디종 머스터드 1/2작은술		허브가루 약간		소금 약간		설탕 약간		후춧가루 약간

늦은 밤 레스토랑을 찾은 손님을 위해 코브 사장이

냉장고에 남아 있는 재료들을 활용해 만든 샐러드라서

그의 이름이 붙여졌어요. 냉장고에 남아있는

다양한 재료를 활용하면 좋답니다.

Cobb Salad

코브 샐러드

ingredient
닭가슴살 1쪽
방울토마토 10개
아보카도 1개
달걀 2개
베이컨 4줄
블랙 올리브 8개
소금 1/4작은술
후춧가루 약간
식용유 1큰술

1

2

3

4

5

1 냄비에 달걀이 잠길 정도의 물을 붓고 센 불에서 15분 정도 삶은 뒤 껍질을 벗겨 찬물에 담가둔다.

2 마른 팬을 약한 불로 달군 다음 베이컨을 올려 5분 정도 바삭하게 구운 뒤 종이타월로 기름기를 제거하고 식으면 사방 1.5cm 크기로 썬다.

3 닭가슴살에 소금, 후춧가루를 뿌려 밑간하고 기름을 두른 달군 팬에 올려 중간 불에서 앞뒤로 3분씩 구운 뒤 약한 불로 줄여 뚜껑을 덮고 앞뒤로 2분씩 굽는다.

4 구운 닭가슴살이 한 김 식으면 사방 1.5cm 크기로 네모지게 썬다.

5 아보카도는 껍질을 벗겨 사방 1.5cm 크기로 네모지게 썰고, 삶은 달걀, 토마토도 같은 크기로 썬다. 블랙 올리브는 얇게 슬라이스 한다.

6 그릇에 준비한 재료들을 하나씩 담고 프렌치 드레싱을 뿌린다.

모든 재료를 드레싱으로 함께 버무려서 담아내도 좋아요.

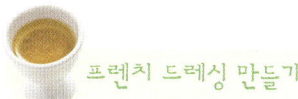 프렌치 드레싱 만들기

 +  + +

올리브오일
4큰술

화이트와인 비니거
4큰술

디종 머스터드
1큰술

설탕
1½큰술

삶은 파스타를 다양한 채소와 함께
드레싱으로 버무려서 시원하게 먹는 샐러드예요.
상큼한 맛이 좋고 포만감도 금방 느낄 수 있어서
여자들에게 사랑받는 카페 인기 메뉴랍니다.

Salad Pasta

샐러드 파스타

ingredient

스파게티 200g
샐러드 채소 100g
통조림 옥수수 1/2캔
토마토 1개
파프리카 1/2개
양파 1/4개
소금·후춧가루 약간씩
파르미지아노 치즈가루 적당량

1

2

3

4

1 토마토는 한입 크기로 썰고 양파와 파프리카는 채 썬다. 양파는 찬물에 담가 매운맛을 뺀다.

2 샐러드 채소는 깨끗이 씻어 물기를 빼고 한입 크기로 뜯는다.

3 냄비에 물을 넉넉히 붓고 소금을 넣어 끓인다. 물이 끓어오르면 스파게티를 넣고 8분 정도 삶아 건진다.

4 볼에 손질한 재료와 삶은 스파게티, 옥수수, 스위트 칠리 드레싱을 넣고 버무린 뒤 파르미지아노 치즈가루를 뿌린다.

 스위트 칠리 드레싱 만들기

|  | + | | + | | + | | + | | + | | + | |

스위트 칠리소스
1큰술
   발사믹식초
2큰술
   올리브오일
2큰술
   간장
1큰술
   토마토케첩
1/2큰술
   다진 마늘
1작은술
   소금·후춧가루
약간씩

서양식 상추 로메인에 안초비로 감칠맛을 살린
시저 드레싱을 듬뿍 끼얹어낸 카페 스타일 샐러드예요.
바삭하게 구운 베이컨과 크루통을 곁들이면 금상첨화랍니다.

Caesar Salad

시저 샐러드

ingredient

로메인 9~10장
베이컨 4줄
식빵 2장
소금 1/2작은술
올리브오일 1큰술
파르미지아노 치즈 적당량

1

2

3

4

5

1 로메인은 찬물에 씻어 한입 크기로 썰고 체에 밭쳐 물기를 뺀다.

2 식빵은 사방 1.5cm 크기로 네모지게 썰고, 파르미지아노 치즈는 필러로 얇게 슬라이스 한다.

3 볼에 식빵, 올리브오일, 소금을 넣어 가볍게 버무린 뒤 오븐 팬에 담아 200℃ 오븐에서 7분 정도 구워 바삭한 크루통을 만든다.

4 마른 팬을 약한 불로 달군 다음 베이컨을 올려 5분 정도 바삭하게 구운 뒤 종이타월로 눌러 기름기를 제거하고 식으면 잘게 다진다.

5 로메인을 시저 드레싱으로 버무려 접시에 담고 크루통, 베이컨, 파르미지아노 치즈를 뿌린다.

 시저 드레싱 만들기

 + + +  + + + +

| 달걀노른자 2개 | 다진 안초비 3조각 | 다진 마늘 1작은술 | 파르미지아노 치즈가루 2큰술 | 씨겨자 1작은술 | 발사믹식초 1작은술 | 레몬즙 1큰술 | 올리브오일 2큰술 |

집에서도 누구나 간편히 폼 나게 즐길 수 있는
샐러드예요. 훈제연어를 준비하고
홀스래디시 드레싱만 곁들이면 충분하답니다.

Smoked Salmon Salad
훈제연어 샐러드

ingredient
슬라이스 훈제연어 10장
양상추 100g
양파 1/2개
방울토마토 6개
케이퍼 2큰술
레몬 1/2개
후춧가루 약간씩

1

2

3

4

1 양상추는 깨끗이 씻어 얼음물에 담갔다가 먹기 직전에 물기를 뺀다.

2 양파는 링 모양으로 얇게 슬라이스 하여 찬물에 담가 매운맛을 뺀다. 방울토마토는 꼭지를 따고 깨끗이 씻어 반으로 썬다.

3 훈제연어는 레몬즙과 후춧가루를 뿌려 잠시 둔다.

4 접시에 손질한 채소와 훈제연어를 담고 방울토마토와 양파, 케이퍼를 올린 뒤 홀스래디시 드레싱을 뿌린다.

 홀스래디시 드레싱 만들기

홀스래디시
1½큰술

+

다진 양파
1½큰술

+

마요네즈
4큰술

+

설탕
1큰술

+

레몬즙
1½큰술

+

소금
1작은술

토르티야에 잘게 다진 여러 가지 재료를 넣어서 만드는 멕시칸풍 샐러드예요.
매콤한 고기와 아삭한 양상추, 새콤한 토마토가 어우러져
환상적인 조화를 이룬답니다.

Taco Salad

타코 샐러드

ingredient

토르티야 2장
체다 치즈 2장
토마토 1개
양상추 4장
양파 1/4개
할라피뇨 3개
사워크림 4큰술
소금·후춧가루 약간씩
올리브오일 적당량

칠리 스튜

다진 소고기 100g
통조림 칠리빈 100g
칠리가루 1/2큰술
토마토소스 3큰술
핫소스 1/2큰술
오레가노 1/2작은술
다진 파 1큰술
다진 양파 1큰술
다진 마늘 1/2큰술

1

2

3

4

5

6

1 양상추는 깨끗이 씻어 채 썬다.

2 달군 팬에 올리브오일을 두르고 다진 소고기를 올려 볶다가 칠리빈을 뺀 나머지 칠리 스튜 재료를 모두 넣고 골고루 버무려가며 볶는다.

3 ②에 칠리빈을 넣고 걸쭉해질 때까지 15분 정도 조려 칠리 스튜를 완성한다.

4 토르티야는 그릇 모양 오븐 틀에 담아 180℃ 오븐에서 8~10분 정도 굽는다.

5 토마토는 반으로 갈라 씨를 빼고 사방 1cm 크기로 깍둑썰기 한다. 양파도 같은 크기로 썬다. 체다 치즈는 0.5cm 두께로 채 썰고, 할라피뇨는 둥근 모양을 살려 송송 썬다.

6 구운 토르티야에 채 썬 양상추와 토마토, 양파, 칠리 스튜를 올린 뒤 토마토 바질 드레싱을 뿌린다. 마지막에 할라피뇨, 체다 치즈, 사워크림을 얹어낸다.

 **토마토 바질 드레싱 만들기**

 + +  + + + + +

다진 토마토
1/2컵

다진 바질
3장 분량

다진 양파
1큰술

다진 마늘
1/4작은술

식초
1½큰술

올리브오일
1큰술

소금·후춧가루
약간씩

요즘 한국인 입맛에 맞춘 아시안 누들의 인기가 높은 것 같아요.
집에서도 누구나 쉽게 따라 할 수 있는 타이풍 누들 샐러드에 도전해 보세요.

매콤한 타이 누들 샐러드

ingredient

쌀국수 100g
주꾸미 4마리
새우(대하) 6마리
양상추 150g
청경채 2포기
오이 1/2개
붉은 고추 1개

1

2

3

4

5

6

1 쌀국수는 미지근한 물에 담가 잠시 불린 뒤 끓는 물에 살짝 데쳐 찬물에 헹구어 물기를 뺀다.

2 새우는 깨끗이 씻어 몸통의 껍질을 벗기고 이쑤시개로 내장을 뺀다. 주꾸미는 깨끗이 씻어 한입 크기로 썬다.

3 손질한 새우와 주꾸미는 끓는 물에 살짝 데친 다음 물기를 뺀다.

4 양상추와 청경채는 깨끗이 씻어 얼음물에 담가두었다가 먹기 직전에 물기를 빼서 손으로 작게 뜯는다.

5 오이는 얇게 슬라이스 하고, 붉은 고추는 채 썬 다음 얼음물에 담가둔다.

6 접시에 양상추와 청경채를 담고, 쌀국수와 새우, 주꾸미를 칠리 드레싱으로 버무려 올린다. 맨 위에 붉은 고추를 골고루 뿌린다.

 **칠리 드레싱 만들기**

다진 붉은 고추
1½개

+

다진 마늘
1½작은술

+

스리라차 칠리소스
1½큰술

+

피시소스
1½큰술

+

설탕
2큰술

+

레몬즙
2큰술

+

라임즙
3큰술

+

다진 고수
약간

소금·후춧가루
약간씩

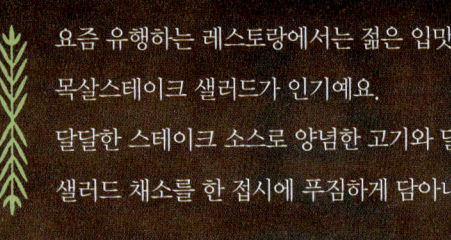

요즘 유행하는 레스토랑에서는 젊은 입맛에 딱 맞춘
목살스테이크 샐러드가 인기예요.
달달한 스테이크 소스로 양념한 고기와 달걀프라이,
샐러드 채소를 한 접시에 푸짐하게 담아내면 됩니다.

목살 스테이크 샐러드

ingredient

돼지고기(목살) 200g
샐러드 채소 100g
달걀 2개
소금·후춧가루 약간씩
올리브오일 적당량

스테이크 소스

다진 마늘 1작은술
돈가스소스 3큰술
굴소스 2큰술
올리고당 1큰술
맛술 2큰술

1 2 3

4 5

1 샐러드 채소는 깨끗이 씻어 물기를 뺀다.

2 달군 팬에 기름을 두르고 달걀을 깨트려 올린 뒤 소금, 후춧가루로 간하여 프라이한다.

3 달군 팬에 기름을 두르고 돼지고기를 올린 뒤 소금과 후춧가루를 뿌려 중간 불에서 15분 정도 구워 속까지 익힌다.

4 돼지고기가 익으면 분량의 스테이크 소스 재료를 한데 섞어 끼얹고 양념이 골고루 배도록 조린다.

5 접시에 ④와 달걀프라이, 샐러드 채소를 담고 레몬 머스터드 드레싱을 끼얹어낸다.

레몬 머스터드 드레싱 만들기

 +  + + + + +  +

| 올리브오일 1큰술 | 다진 양파 1큰술 | 씨겨자 1/2작은술 | 발사믹식초 1큰술 | 레몬즙 1큰술 | 설탕 1작은술 | 소금 1/4작은술 | 파슬리가루 약간 |

냉장고에 소고기가 조금 남아 있을 때 만들기 딱 좋은 샐러드죠.

고기가 너무 적을 때는 샐러드 채소의 양을 늘리거나

호박, 감자, 당근 등을 함께 구워서 곁들여보세요.

스테이크 샐러드

ingredient

소고기(등심) 200g
샐러드 채소(치커리,
라디치오) 150g
어린잎 채소 20g
올리브오일 1큰술
소금·후춧가루 약간씩

1

2

3

4

1 샐러드 채소는 흐르는 물에 씻은 후 물기를 뺀다.

2 소고기를 먹기 좋게 썰고 올리브오일을 두른 달군 팬에 올린 뒤 소금, 후춧가루를 뿌려 앞뒤로 굽는다.

3 구운 소고기는 적당량의 바질 발사믹 글레이즈 드레싱으로 버무려 간이 배도록 한다.

4 접시에 샐러드 채소를 담고 양념한 구운 소고기를 올린 뒤 나머지 어린잎 채소와 남은 드레싱을 뿌린다.

바질 발사믹 글레이즈 드레싱 만들기

다진 바질
3장 분량

+

다진 양파
1작은술

+

다진 마늘
1/2작은술

+

올리브오일
2큰술

+

발사믹 글레이즈
1큰술

+

레몬즙
1큰술

+

꿀
1/2큰술

+

소금
1/3작은술

후춧가루
약간

다양한 해산물과 여러 가지 버섯을 듬뿍 넣어 만들어 근사하게 즐기는 샐러드예요.

해산물과 버섯을 올리브오일과 소금으로 간해 굽고

드레싱을 곁들이면 고급스러운 맛의 샐러드가 완성됩니다.

해산물 풍기 샐러드

ingredient

관자 4개
모시조개 100g
바지락 100g
표고버섯 3개
양송이버섯 3개
새송이버섯 2개
팽이버섯 100g
느타리버섯 50g
다진 마늘 2작은술
다진 양파 1큰술
페퍼론치노 2개
청주 1/4컵
올리브오일 2큰술
참기름 1작은술
허브가루·소금·후춧가루 약간씩

1 바지락과 모시조개는 소금물에 해감하고 깨끗이 씻어 물기를 뺀다.

2 관자에 앞뒤로 1cm 두께의 칼집을 내고 소금, 후춧가루, 허브가루, 참기름을 뿌려 밑간한다.

3 달군 팬에 올리브오일을 두르고 다진 마늘 1작은술을 넣어 볶다가 밑간한 관자를 올려 굽는다.

4 준비한 버섯을 먹기 좋은 크기로 썰고 올리브오일을 두른 달군 팬에 올린 뒤 소금, 후춧가루를 뿌려 중간 불에서 굽는다.

5 달군 팬에 올리브오일을 두르고 다진 마늘 1작은술과 다진 양파를 볶다가 ①을 넣고 볶는다. 조개가 입을 벌리면 청주와 페퍼론치노를 부셔 넣고 다시 볶는다. 청주 향이 날아가면 소금, 후춧가루로 간한다.

6 접시에 조개와 관자, 버섯을 올리고 발사믹 머스터드 바질 드레싱을 뿌린다.

 **발사믹 머스터드 바질 드레싱 만들기**

다진 바질 1큰술	다진 양파 2큰술	올리브오일 3큰술	발사믹식초 3큰술	씨겨자 1큰술	꿀 1/2큰술	소금·후춧가루 약간씩

코코넛 밀크와 카레가루로 만든
코코넛 카레 소스로 맛을 낸 타이식 샐러드예요.
조금 특별한 날에 준비해 색다른 맛을 즐겨보세요.

코코넛 새우 샐러드

ingredient
쌀국수 100g
새우(중하) 6마리
청경채 3포기
숙주 50g
다진 땅콩 2큰술
카레가루 1작은술
코코넛 밀크 3큰술
식용유 적당량

1

2

3

4

1 쌀국수는 미지근한 물에 담가 불린다.

2 새우는 머리와 꼬리는 남기고 몸통의 껍질을 벗긴 뒤 카레가루와 코코넛 밀크를 뿌려 놓는다. 달군 팬에 기름을 두르고 양념한 새우를 올려 앞뒤로 굽는다.

3 청경채는 밑동을 잘라 한 잎씩 다듬어 씻고, 숙주는 다듬어 끓는 물에 살짝 데친 뒤 물기를 뺀다.

4 쌀국수를 접시 위에 깔고 청경채를 풍성하게 올린 다음 새우와 숙주를 얹고 차갑게 식힌 코코넛 카레 드레싱을 골고루 뿌린다. 마지막에 다진 땅콩을 끼얹는다.

 코코넛 카레 드레싱 만들기

 +  + + + +

| 코코넛 밀크 1/2컵 | 다진 마늘 1작은술 | 카레가루 1큰술 | 피시소스 1작은술 | 닭국물 3큰술 | 설탕·소금·후춧가루 약간씩 |

브런치 샐러드는 심플한 큰 접시에 조리한 요리를 모두 담아내야 먹음직스러워요.
풍성한 샐러드 채소를 한쪽에 담고 다양한 재료를 곁들여 맛과 멋을 살려보세요.

Brunch Salad
브런치 샐러드

ingredient

리코타 치즈 100g
어린잎 채소 1컵
양상추 4장
방울토마토 6개
바게트 슬라이스 4개
달걀 2개
베이컨 2줄
아몬드 슬라이스 1큰술
말린 크랜베리 1큰술
파슬리가루·소금 약간씩
식용유 적당량

1   2   3

4   5

1 양상추와 어린잎 채소는 깨끗이 씻어 얼음물에 담갔다가 먹기 직전에 물기를 뺀다.

2 약한 불로 달군 팬에 바게트를 올려 앞뒤로 노릇하게 굽는다.

3 달군 팬에 기름을 두르고 달걀을 깨트려 올린 뒤 소금을 살짝 뿌리고 반숙으로 프라이한다.

4 마른 팬을 약한 불로 달군 다음 베이컨을 올려 5분 정도 바삭하게 구운 뒤 종이타월로 눌러 기름기를 제거한다.

5 접시에 준비한 재료들을 모두 담고 채소 위에 마늘 발사믹 드레싱을 뿌려낸다.

블랙 올리브 드레싱(23p)도 잘 어울려요.

 마늘 발사믹 드레싱 만들기

	+		+		+		+		+	
올리브오일 1큰술		레몬즙 2작은술		발사믹식초 2큰술		다진 마늘 1큰술		설탕 2작은술		소금 1작은술

밥반찬으로도 좋은

한식 샐러드

샐러드가 우리 식탁에 자주 오르며 이제는 누구에게
나 친근한 메뉴가 되었어요. 더불어 한식 밥상에도
어울리는 샐러드를 생각하게 됩니다. 밥반찬으로도
알맞은 한식 샐러드를 만나보세요.

Special SALAD 03

세발나물은 비타민과 미네랄, 칼슘이 풍부하고 식이섬유도 많아
장내 노폐물을 배출하도록 도와준답니다. 깔끔한 오일 드레싱으로 버무리면
딸기와도 잘 어울려요.

세발나물 딸기 샐러드

ingredient
세발나물 100g
딸기 10개
양파 20g

1

2

3

4

1 딸기는 깨끗이 씻어 꼭지를 떼고 크기가 큰 딸기는 반으로 자른다.

2 세발나물은 깨끗이 씻어 체에 밭쳐 물기를 뺀다.

3 양파는 큼직하게 다져 썰고 찬물에 담가 매운맛을 제거하고 물기를 뺀다.

4 접시에 세발나물과 딸기, 다진 양파를 담고 상큼 오일 드레싱을 끼얹는다.

딸기 드레싱(28p)으로 대체해도 잘 어울려요.

 **상큼 오일 드레싱 만들기**

	+		+		+		+		+	
올리브오일 2큰술		다진 양파 1큰술		다진 마늘 1작은술		식초 2큰술		설탕 2큰술		소금 1/2작은술

짭조름한 맛의 명란을 데친 브로콜리와

함께 참기름 드레싱으로 버무렸더니, 밥반찬으로 손색없는 샐러드가 되었어요.

Broccoli Pollack Roe Salad

브로콜리 명란 샐러드

ingredient

브로콜리 1개
명란 1개
실파 1줄기
깨소금 1큰술
소금 약간

1   2   3

1 브로콜리는 한입 크기로 자르고 끓는 물에 소금을 넣고 데친다. 데친 브로콜리는 찬 물에 헹궈 물기를 뺀다.

2 실파는 송송 썰고, 명란은 껍질을 벗겨 알만 발라 놓는다.

3 볼에 데친 브로콜리와 명란, 송송 썬 실파, 깨소금을 담고 참기름 드레싱으로 조물조 물 무친다.

\# 명란의 짠맛이 부담스럽다면 저염 명란을 활용하면 좋아요.

참기름 드레싱 만들기

 + + +

참기름   레몬즙   소금   후춧가루
2큰술   1큰술   약간   약간

담백한 두부와 새우를
살짝 데치고 상큼한 채소와 사과를 곁들인 뒤
고소한 두부 드레싱으로 맛을 냈어요.
쉽고 간편하게 온 가족 건강 샐러드를
준비해보세요.

Shrimp Tofu Salad

Shrimp Tofu Salad
새우 두부 샐러드

ingredient
새우(중하) 8마리
두부(샐러드용) 1/2모
사과 1/4쪽
어린잎 채소 80g
올리브오일 1/2큰술
소금·후춧가루 약간씩

1

2

3

4

1 새우는 끓는 물에 살짝 데친 뒤 머리와 껍데기를 벗기고, 크기가 큰 새우는 반으로 자른다.

2 두부는 종이타월로 감싸 물기를 뺀 뒤 손으로 작게 뚝뚝 뜯는다.

3 사과는 반달 모양으로 슬라이스 하고 어린잎 채소는 씻어서 물기를 뺀다.

4 볼에 데친 새우와 두부, 사과, 어린잎 채소를 담고 올리브오일, 소금, 후춧가루를 넣어 살짝 버무린 뒤 두부 드레싱을 끼얹는다.

 두부 드레싱 만들기

 + + + +

| 으깬 두부 30g | 레몬즙 2큰술 | 올리브오일 1½큰술 | 설탕 1작은술 | 소금·후춧가루 약간씩 |

지방이 적어 담백한 맛이 특징인 닭가슴살을 매콤하게 밑간해
올리브오일에 구우니 식감이 더욱 좋아졌어요.
고소하고 부드러운 아몬드 드레싱까지 곁들이면 더할 나위 없답니다.

Spicy Chicken Breast Salad
매콤 닭가슴살 샐러드

ingredient

닭가슴살 2조각
깻잎 10장
대파 2줄기
붉은 고추 2개
파프리카 시즈닝 1작은술
칠리가루 1작은술
올리브오일 1큰술
소금·후춧가루 약간씩

1

3

4

5

1 대파는 곱게 채 썰어 얼음물에 담그고 붉은 고추도 꼭지를 떼고 반으로 썰어 씨를 뺀 뒤 곱게 채 썰어 얼음물에 담근다. 깻잎은 1cm 두께로 채 썬다.

2 유산지를 넓게 펼쳐 닭가슴살을 올리고 소금, 후춧가루, 파프리카 시즈닝, 칠리가루 를 뿌려 골고루 묻힌다.

3 양념을 입힌 닭가슴살을 유산지로 감싼 뒤 밀대로 두들겨 고기의 두께를 1.5cm 정도 로 만든다.

4 달군 팬에 올리브오일을 두르고 ③을 올려 앞뒤로 굽는다. 속까지 다 익으면 먹기 좋 은 크기로 썬다.

5 그릇에 채 썬 대파와 깻잎을 담고 구운 닭가슴살을 올린 뒤 아몬드 드레싱을 뿌린다. 마지막에 붉은 고추 채를 올린다.

 아몬드 드레싱 만들기

 + + + +

다진 아몬드   두유   꿀   식초   소금·후춧가루
3큰술   6큰술   1½작은술   1½작은술   약간씩

알싸한 달래와 상큼한 돌나물, 쌉싸래한 참나물 등 특유의 맛과 향이 일품인 봄나물과
쫀득한 도토리묵을 매콤하고 새콤한 드레싱으로 버무려 한입 가득 봄을 느껴보세요.

Greens Muk Salad

봄나물 묵냉채 샐러드

ingredient
봄나물(달래, 돌나물, 참나물 등)
200g
도토리묵 1모
참기름 1작은술
설탕·소금 약간씩

1

2

3

1 도토리묵은 흐르는 물에 씻어 도톰하게 깍둑썰기 하고 참기름, 설탕, 소금을 뿌려 간한다.

2 봄나물은 깨끗이 씻어 물기를 제거하고 4cm 길이로 자른다.

3 손질한 봄나물에 코리안 드레싱을 넣어 골고루 버무린 뒤, 도토리묵을 넣고 한번 더 살짝 버무린다.

\# 참깨 간장 드레싱(31p)으로 대체해도 잘 어울려요.

 코리안 드레싱 만들기

| | + |  | + | | + | | + | | + | | + | | + | |

간장
1큰술

식초
2큰술

청주
1큰술

다진 파
1큰술

다진 마늘
1작은술

고춧가루
2큰술

설탕
1½큰술

참기름
1큰술

통깨
1큰술

특유의 향긋함으로 입맛을 돋워주는 부추는
비타민이 풍부하고 신진대사를 활발하게 도와줘요.
기름기가 많은 차돌박이와 함께 먹으면
맛과 영양을 보완할 수 있답니다.

차돌박이 부추 샐러드

ingredient

차돌박이 200g
양파 1/8개
영양부추 40g
래디시 2줄기
참기름 1작은술
소금·후춧가루 약간씩

1

2

3

4

5

1 양파는 얇게 채 썰어 찬물에 담가 매운맛을 뺀 뒤 물기를 없앤다.

2 영양부추는 깨끗이 다듬어 5cm 길이로 썰고 래디시는 얇게 썬다.

3 달군 팬에 차돌박이를 올리고 중간 불로 구운 뒤 종이타월에 올려 기름기를 뺀다.

4 볼에 준비한 양파와 영양부추를 담고 소금, 후춧가루, 참기름으로 살짝 버무린 뒤 참깨 드레싱을 2큰술 정도만 넣어 버무린다.

5 접시에 ④를 담고 차돌박이와 래디시를 얹은 뒤 남은 드레싱을 끼얹는다.

양파의 매운맛을 최대한 제거하고 싶을 때는 찬물을 여러 번 갈아주면서 담가놓으면 된답니다.

 참깨 드레싱 만들기

곱게 간 참깨 4큰술	땅콩잼 2큰술	마요네즈 2큰술	다진 양파 1큰술	설탕 1½큰술	간장 1큰술	식초 1큰술

참기름 1큰술

후춧가루
약간

쫄깃한 식감을 자랑하는 골뱅이는 고단백 저지방 식품으로
영양까지 풍부해요. 깻잎, 상추, 파채를 넉넉히 준비하고
골뱅이를 매콤하게 버무려서 함께 먹으면 잘 어울려요.

골뱅이 파채 샐러드

ingredient

골뱅이 150g
북어채 50g
진미채 50g
대파 2줄기
깻잎 10장
상추 10장
고춧가루 2큰술
참기름 1작은술
깨소금 1큰술
소금 1/4작은술
파슬리가루·오레가노가루 약간씩

골뱅이 양념
매실청 1큰술
참기름 1큰술
생강즙 1작은술
연두 1작은술

 1
 2
 3

 4
 5

1 골뱅이는 물기를 빼고 골뱅이 양념 재료를 모두 넣고 버무려 잠시 재운다.

2 진미채는 4cm 길이로 썰고, 북어채도 같은 길이로 도톰하게 찢어 체에 밭쳐 흐르는 물에 살짝 씻는다.

3 볼에 양념한 골뱅이와 진미채, 북어채를 담고 고춧가루, 참기름, 깨소금, 소금, 파슬리가루, 오레가노가루를 넣어 가볍게 버무린다.

4 파는 4cm 길이로 자른 뒤 곱게 채 썰고, 깻잎과 상추도 비슷한 길이로 채 썬 다음 참기름 드레싱으로 버무린다.

5 접시에 ④의 버무린 채소를 담고 그 위에 ③을 올려낸다.

골뱅이를 재울 때 연두를 사용하면 비린내가 나지 않고 더욱 진한 풍미를 낼 수 있어요.

 **참기름 드레싱 만들기**

 + + +

참기름
2큰술

레몬즙
1큰술

소금
약간

후춧가루
약간

쫄깃한 돼지고기를 아삭한 우엉으로 돌돌 말아 먹는

한국인 입맛에 딱 맞춘 요리랍니다.

새콤달콤한 유자소스로 절인 우엉은

돼지고기와 특히 잘 어울려요.

삼겹살 우엉 샐러드

ingredient

우엉 1줄기
돼지고기(삼겹살) 150g
미나리 5줄기
영양부추 20g
붉은 고추 1개
소금·후춧가루 약간씩

유자 소스

올리브오일 1/4컵
식초 1/4컵
유자청 1½큰술
설탕 1작은술
소금 1/4작은술

1

2

3

4

1 우엉은 깨끗이 씻어 껍질을 벗긴 뒤 필러로 얇고 길게 슬라이스 하고, 유자 소스 재료를 모두 섞는다. 슬라이스한 우엉을 유자 소스로 버무려 잠시 재운다.

2 미나리와 영양부추는 4~5cm 길이로 썰고 붉은 고추는 잘게 다진다.

3 돼지고기는 한입 크기로 썰어 소금과 후춧가루를 뿌리고 팬에 노릇하게 굽는다.

4 그릇에 구운 돼지고기와 우엉, 미나리, 부추를 담고 청양고추 간장 드레싱을 곁들여 낸다.

청양고추 간장 드레싱 만들기

 + +  + + + + +

다진 파 1큰술   다진 청양고추 1작은술   다진 붉은 고추 1큰술   설탕 1작은술   멸치액젓 1큰술   간장 1작은술   식초 1큰술   맛술 1큰술

 +

참기름 1큰술   통깨 1작은술

특유의 향이 좋은 참나물은 대표적인 알칼리성 식품이죠.

잎이 부드럽고 소화가 잘되며, 베타카로틴이 풍부해 눈 건강에도 좋답니다.

연두부와 함께 새콤한 간장 드레싱만 끼얹어내면 샐러드가 뚝딱 완성된답니다.

Greens Soft Soybean Curd Salad

참나물 연두부 샐러드

ingredient
참나물 50g
쑥갓 50g
연두부 1모

1

2

3

1 참나물과 쑥갓은 잎 부분만 떼어 씻고 물기를 뺀다.

2 접시에 쑥갓과 참나물을 담고 그 위에 연두부를 숟가락으로 떠서 듬성듬성 올린다.

3 연두부와 채소 위에 새콤 간장 드레싱을 골고루 끼얹어낸다.

 새콤 간장 드레싱 만들기

| | + | | + | | + | | + | | + | |

간장
2큰술

다진 마늘
1작은술

식초
2큰술

설탕
1큰술

참기름
1큰술

후춧가루
약간

흰살 생선은 살이 연하고 부드러우며 생선 특유의 비린내가 적어
샐러드에 잘 어울려요. 초록색 샐러드 채소에 하얀 생선살을 올려내면
보기만 해도 먹음직스럽답니다.

White Fish Salad
흰살 생선 샐러드

ingredient

흰살 생선 200g
샐러드 채소 100g
청주 1큰술
맛술 1큰술
카놀라유 1큰술
소금·후춧가루 약간씩

1

2

3

4

1 샐러드 채소는 씻어서 찬물에 담가두었다가 먹기 직전에 물기를 빼 한입 크기로 뜯는다.

2 흰살 생선은 쟁반에 펼쳐 담고 청주, 맛술, 소금, 후춧가루를 뿌린 뒤 20분 정도 재운다.

3 달군 팬에 기름을 두르고 양념한 생선을 올려 앞뒤로 굽는다. 생선살이 부서지지 않도록 조심스럽게 굽는다.

4 샐러드 채소와 구운 생선을 접시에 담고 해선장 드레싱을 골고루 끼얹는다.

마트에서 냉동 흰살 생선을 쉽게 구할 수 있으니 활용하면 좋아요.

 해선장 드레싱 만들기

 + + + + + +

해선장   물   다진 파   레몬즙   고추기름   간장   다진 생강   후춧가루·통깨
2큰술   2큰술   2큰술   1/2큰술   1작은술   1작은술   1/3작은술   약간씩

비타민 A가 채소 중에서 가장 많고 칼슘,
철분이 풍부한 알칼리성 식품인 시금치는 소고기와 궁합이 정말 잘 맞아요.
여기에 알싸한 씨겨자 마늘 드레싱으로 맛을 더하면 금상첨화랍니다.

Spinach Beef Salad
시금치 소고기 샐러드

ingredient
시금치 100g
소고기(안심) 100g
새송이버섯 1개
마늘 10쪽
카놀라유 2큰술
소금·후춧가루 약간씩

1   2   3

4   5

1 시금치는 뿌리를 자르고 잎을 한 장씩 떼어 손질한 뒤 흐르는 물에 씻고 물기를 뺀다.

2 마늘은 얇게 저며 썰고 카놀라유를 두른 달군 팬에 올려 앞뒤로 노릇하게 굽는다.

3 새송이버섯은 길게 슬라이스 해 마늘 구운 팬에 올리고 소금, 후춧가루를 뿌려가며 앞뒤로 굽는다.

4 소고기는 버섯을 구운 팬에 올리고 소금, 후춧가루를 뿌려 앞뒤로 굽는다.

5 볼에 시금치와 버섯, 마늘, 소고기를 담고 씨겨자 마늘 드레싱으로 버무려낸다.

 씨겨자 마늘 드레싱 만들기

 + +  + + +

포도씨유   씨겨자   볶은 다진 마늘   다진 양파   식초   설탕
1½큰술   1큰술   1큰술   1큰술   2큰술   1/2작은술

냉장고에 두고 먹는

저장식 샐러드

과일과 채소는 그대로 먹어도 맛과 향이 좋지만, 당
이나 산을 첨가해 조리하면 색다른 풍미를 오래도록
즐길 수 있어 좋아요. 신선한 제철 재료를 활용해 저
장식 샐러드로 변신시켜보세요.

Special
SALAD 04

색색의 채소가 어우러져 맛과 향이 일품인 라타투이는

프랑스 남부지방에서 즐겨 먹는 소박한 가정식이에요.

고소한 빵과 함께 먹으면 잘 어울려요.

Ratatouille
라타투이

ingredient
토마토 1개
가지 1개
양파 1개
피망 1/2개
양송이버섯 100g
다진 마늘 1/2큰술
올리브오일 1큰술
월계수 잎 1장
소금·후춧가루·파슬리가루 약간씩

1

2

3

4

1 토마토는 반을 갈라 씨를 숟가락으로 파내고 큼직하게 썬다.

2 가지와 양파, 피망은 2cm 크기로 깍둑썰기 한다. 양송이는 밑동을 떼고 반 가른 뒤
  3등분 한다.

3 냄비에 올리브오일을 두르고 다진 마늘과 양파를 넣어 볶는다. 달콤한 향이 나기 시
  작하면 가지와 피망, 양파를 넣고 볶는다.

4 부드럽게 숨이 죽으면 토마토와 월계수 잎을 넣고 뚜껑을 덮은 채 약한 불에서 10분
  정도 끓인다. 소금, 후춧가루로 간을 하고 마지막에 파슬리가루를 뿌린다.

냉장고에서 꺼내 바로 시원하게 먹어도 좋고, 따뜻하게 데워 먹어도 맛있어요.

쫄깃하게 삶은 마카로니와 오이, 당근, 달걀 등을 고소한 마요네즈 드레싱에 버무린
마카로니 샐러드. 톡톡 씹히는 식감이 일품인 콘샐러드.
저장식 샐러드의 양대산맥이라고 할 수 있는 대표 메뉴랍니다.

마카로니 샐러드

콘샐러드

마카로니 샐러드 & 콘샐러드

ingredient

마카로니 샐러드
마카로니 200g
오이 1개
당근 1/2개
삶은 달걀 3개
햄 100g
크래미 3조각
소금 적당량

콘샐러드
통조림 옥수수 8큰술
오이 1개
마요네즈 3큰술
레몬즙 2큰술

1

2

3

마카로니 샐러드

1 오이와 당근, 햄은 1cm 크기로 깍둑썰기 하고, 크래미는 잘게 썬다. 삶은 달걀은 껍데기를 벗겨 큼직하게 썬다.

2 끓는 물에 소금을 넣고 썰어 둔 당근을 넣어 살짝 데친다. 데친 당근은 체에 밭쳐 물기를 뺀다.

3 당근 삶은 물에 마카로니를 넣고 7분 정도 삶는다. 삶은 마카로니는 체에 밭쳐 물기를 뺀다.

4 볼에 준비한 재료와 삶은 마카로니를 담고 마카로니 드레싱으로 버무린다. 저장 용기에 담아 냉장고에 보관한다.

1

2

콘샐러드

1 옥수수는 체에 밭쳐 물기를 빼고, 오이는 옥수수와 비슷한 크기로 다진다.

2 그릇에 옥수수와 다진 오이를 담고 마요네즈와 레몬즙을 넣어 버무린다.

\# 오븐 용기에 콘샐러드를 듬뿍 담고 모차렐라 치즈를 올려 180℃ 오븐에 7분 정도 구우면 콘샐러드 그라탱이 됩니다.

 마카로니 드레싱 만들기

 + + +

마요네즈
200g
우유
1/2컵
설탕
1큰술
소금·후춧가루
약간씩

저장식 샐러드

코울슬로

한번 만들어 놓으면 두고두고 먹을 수 있는
상큼하고 아삭한 양배추 샐러드.
냉장고에 있는 사과를 넣어 평소와 다르게 만들어도 좋아요.

사과 코울슬로

코울슬로 & 사과 코울슬로

ingredient

코울슬로
양배추 1/2통(500g)
통조림 옥수수 100g
소금·파슬리가루 약간씩

코울슬로 드레싱
마요네즈 10큰술
식초 3큰술
설탕 3큰술
소금 1/2작은술
후춧가루 약간

사과 코울슬로
양배추 1/2통(500g)
사과 1개
소금·파슬리가루 약간씩

코울슬로 요구르트 드레싱
플레인 요구르트 4큰술
마요네즈 2큰술
씨겨자 1작은술
카놀라유 4큰술
식초 2큰술
설탕 2작은술
소금·후춧가루 약간씩

1 　 2 　 4

코울슬로

1 양배추는 세로로 반 갈라 심을 제거하고 7~8mm로 채 썬 다음 소금을 뿌려 20분 정도 절인다.

2 절인 양배추를 뒤적여 소금이 골고루 스며들게 한 뒤 체에 밭쳐 흐르는 물에 씻고 손으로 꼭 짜서 물기를 뺀다.

3 옥수수는 체에 밭쳐 국물을 따라낸다.

4 양배추와 옥수수를 코울슬로 드레싱으로 버무린 뒤 채소의 숨이 죽도록 잠시 둔다. 채소의 숨이 약간 죽으면 소금으로 간을 맞추고 파슬리가루를 뿌린 뒤 저장용기에 담는다.

1 　 2 　 4

사과 코울슬로

1 양배추는 세로로 반 갈라 심을 제거하고 7~8mm로 채 썬 다음 소금을 뿌려 20분 정도 절인다.

2 절인 양배추를 뒤적여 소금이 골고루 스며들게 한 뒤 체에 밭쳐 흐르는 물에 씻고 손으로 꼭 짜서 물기를 뺀다.

3 사과는 씨를 제거하고 양배추와 비슷한 크기로 채 썬다.

4 양배추와 사과를 코울슬로 요구르트 드레싱으로 버무리고 채소의 숨이 죽도록 잠시 둔다. 채소의 숨이 약간 죽으면 소금으로 간을 맞추고 파슬리가루를 뿌린 뒤 저장용기에 담는다.

영양으로 가득한 당근을 절여서 만든 당근 초절임은

질리지 않고 오래도록 당근의 맛과 향을 즐길 수 있답니다.

당근 초절임

ingredient

당근 2개
올리브오일 1/4컵
식초 1/4컵
설탕 2큰술
소금 1/3작은술

1

2

1 당근은 채칼이나 칼을 이용해 채 썬다.

2 볼에 채 썬 당근을 담고 올리브오일, 식초, 설탕, 소금을 넣어 골고루 섞는다. 용기에
   담아 냉장고에 보관한다.

더 새콤한 맛을 내고 싶을 때는 식초의 양을 늘려보세요.

토마토를 생강시럽에 절여 만든 토마토 생강 샐러드는

달콤하면서도 알싸한 맛이 특징이에요.

토마토를 가장 생생하게 오래도록 즐기는 방법이랍니다.

토마토 생강 샐러드

ingredient

토마토 3개
생강 1/4개
생강즙 1½큰술
설탕 3큰술

1

3

<u>1</u> 토마토는 큼직하게 자르고, 생강은 껍질을 벗겨 깨끗이 씻은 뒤 얇게 편으로 썬다.

<u>2</u> 생강즙에 설탕을 넣고 설탕이 녹을 때까지 섞는다.

<u>3</u> 용기에 토마토와 생강을 넣고 ②를 부어 가볍게 섞은 뒤 냉장고에서 2시간 정도 재운다.

생강즙은 생강을 곱게 다져 동량의 물을 섞고 체에 걸러 만드세요.

아삭아삭 씹는 맛과 고운 색깔이 일품인 저장식 샐러드예요.
무와 비트에는 섬유질이 많아 변비에 좋고 비타민이 풍부해 감기 예방에도 좋아요.

Daikon Beet Salad

무 비트 샐러드

ingredient

무 200g
비트 50g
양파 1/2개
당근 1/4개

유자 식초 소스
다시마물 1/2컵
식초 1/2컵
유자청 2큰술
설탕 1½큰술
소금 1작은술

1　　　　　　　　　2　　　　　　　　　3

1 냄비에 유자 식초 소스 재료를 모두 넣고 한소끔 끓인 뒤 차게 식힌다.

2 무와 당근은 가늘게 채 썬다.

3 양파와 비트는 가늘게 채 썰어 찬물에 담가 매운맛을 없앤 뒤 체에 밭쳐 물기를 뺀다.

4 유리병에 무와 당근, 양파, 비트를 담고 ①을 붓는다. 뚜껑을 닫고 실온에서 반나절 정도 절인 뒤 뒤집어서 흔들고 냉장고에 보관한다.

비트가 없다면 비트의 양만큼 무의 양을 늘려 사용해도 좋아요.

병아리콩을 각종 채소와 함께 상큼하게 버무렸어요.

병아리콩은 단백질과 칼슘, 식이섬유가 풍부하고 지방은 적어 다이어트에 아주 좋아요.

병아리콩 샐러드

ingredient
말린 병아리콩 1컵
오이 1/2개
파프리카 1개
셀러리 1줄기
양파 1/2개
바질 4~5장
소금 약간

1

2

3

4

1 병아리콩을 깨끗이 씻어 물에 반나절 이상 불린 다음 냄비에 담고 3배 분량의 물을 부어 15분 정도 삶는다. 콩이 탱탱하게 익으면 체에 밭쳐 물기를 뺀다.

2 오이, 파프리카, 셀러리, 양파는 1.5cm 크기로 깍둑썰기 한다. 볼에 모두 담고 소금을 뿌려 잘 섞어 10분간 재운다. 채소에서 생긴 물은 버린다.

3 바질은 곱게 채 썬다.

4 볼에 준비한 모든 재료를 담고 레몬 오일 드레싱을 넣어 골고루 버무린다.

 레몬 오일 드레싱 만들기

 + + +

올리브오일
6큰술

레몬즙
2큰술

식초
1큰술

소금·후춧가루
약간씩

아삭한 그린빈을 마늘과 함께 피클로 만들면 양식요리에 곁들여도 좋고

밥반찬으로도 손색이 없어요. 데쳐서 볶아 먹는 것이 일반적인 아스파라거스도

피클로 만들어 색다르게 즐겨보세요.

아스파라거스 양파 피클

그린빈 마늘 피클

그린빈 마늘 피클 & 아스파라거스 양파 피클

ingredient

그린빈 마늘 피클

그린빈 200g
마늘 5쪽
소금 약간

피클물

화이트와인 비니거 1컵
물 1컵
설탕 2큰술
소금 2큰술
페퍼론치노 3개
통후추 1/4작은술

아스파라거스 양파 피클

굵은 아스파라거스 30줄기(1kg)
양파 1개
굵은소금 약간

피클물

레몬 1/2개
식초 2컵
물 2컵
설탕 1½컵
소금 5큰술
월계수 잎 2장
페퍼론치노 5개
통후추 약간

 1
 2
 3

그린빈 마늘 피클

1 끓는 물에 그린빈과 소금을 넣고 살짝 데친 다음 물기를 뺀 뒤 유리병에 담는다.

2 마늘을 도톰하게 슬라이스한 뒤 ①에 담는다.

3 냄비에 분량의 피클물 재료를 넣어 팔팔 끓인 다음 식혀서 ②에 붓는다. 그대로 식혀 뚜껑을 덮고 냉장고에서 일주일 정도 익힌다.

화이트와인 비니거가 없을 때는 식초로 대신하고, 페퍼론치노가 없을 때는 청양고추로 대신해도 괜찮아요.

 1
 2
 4

아스파라거스 양파 피클

1 아스파라거스는 질긴 밑동을 잘라 내고 아랫단의 비늘을 벗긴 뒤 굵은소금에 굴려 30분 정도 재운다.

2 양파는 얇게 채 썬다.

3 재운 아스파라거스는 물에 헹궈 소금기를 씻어 내고 물기를 뺀 뒤 유리병에 담는다. 준비한 양파도 담는다.

4 냄비에 분량의 피클물 재료를 넣어 팔팔 끓인 다음 뜨거울 때 바로 ③에 붓는다. 그대로 식혀 뚜껑을 덮고 냉장고에서 일주일 정도 익힌다.

아스파라거스는 조금 굵은 것으로 골라야 오랫동안 아삭하게 먹을 수 있어요.

땅속 영양을 그대로 간직한 뿌리채소 당근과 비타민 한 다발 콜리플라워를
넉넉히 준비해 상큼한 피클로 만들어 보세요.
두고두고 효자 노릇을 하는 메뉴랍니다.

미니당근 피클

콜리플라워 피클

미니당근 피클 & 콜리플라워 피클

ingredient

미니당근 피클
미니당근 30개

피클물
화이트와인 비니거 1컵
물 1컵
설탕 2큰술
소금 2큰술
피클링 스파이스 2큰술

콜리플라워 피클
콜리플라워 200g
브로콜리 100g
소금 약간

피클물
레몬 1/2개
식초 2컵
물 2컵
설탕 1½컵
소금 5큰술
페퍼론치니 5개
피클링 스파이스 3큰술
월계수 잎 2장

1

2

미니당근 피클

1 당근은 줄기를 자르고 껍질을 벗겨 깨끗이 씻은 뒤 유리병에 담는다.

2 냄비에 분량의 피클물 재료를 넣어 팔팔 끓인 다음 뜨거울 때 바로 ①에 붓는다. 그대로 식혀 뚜껑을 덮고 냉장고에서 일주일 정도 익힌다.

\# 미니당근이 없을 때는 당근을 가늘고 길게 썰어서 만들어 보세요.

1

2

3

콜리플라워 피클

1 콜리플라워와 브로콜리는 손으로 뜯어 한입 크기로 자르고 깨끗이 씻는다.

2 끓는 물에 소금을 약간 넣고 ①을 넣어 살짝 데친 다음 물기를 쏙 뺀 뒤 병에 담는다.

3 냄비에 분량의 피클물 재료를 넣어 팔팔 끓인 다음 뜨거울 때 바로 ②에 붓는다. 그대로 식혀 뚜껑을 덮고 냉장고에서 일주일 정도 익힌다.

\# 다양한 색깔의 콜리플라워를 활용해 보세요. 유리병에 담아놓기만 해도 저절로 근사해 보인답니다.

Index

드레싱

ㄱ
견과 바질 드레싱 …………… 35
고춧가루 드레싱 ………… 34
굴소스 드레싱 ………… 34
그린 올리브 드레싱 ……… 22
깐풍 드레싱 ………… 35

ㄴ
너트 오일 드레싱 ………… 21

ㄷ
된장 드레싱 ………… 32
된장 마요네즈 드레싱 ……… 32
두반장 칠리 드레싱 ………… 35
두부 드레싱 ………… 35
딸기 드레싱 ………… 28
딸기 요구르트 드레싱 ……… 26
땅콩 간장 드레싱 ………… 31
땅콩 드레싱 ………… 35
땅콩 해선장 드레싱 ………… 32
땅콩잼 드레싱 ………… 26

ㄹ
레드와인 드레싱 ………… 23

레몬 딜 드레싱 ………… 23
레몬 마요네즈 드레싱 ……… 25
레몬 머스터드 드레싱 ……… 22
레몬 발사믹 드레싱 ……… 22
레몬 오일 드레싱 ………… 23

ㅁ
마늘 간장 드레싱 …………… 32
마늘 발사믹 드레싱 ………… 22
마늘 해선장 드레싱 ………… 31
마요네즈 드레싱 ………… 25
망고 드레싱 ………… 29
머스터드 마요네즈 드레싱 …… 26
머스터드 오일 드레싱 ……… 21
메이플 발사믹 드레싱 ……… 23
메이플 샌크림 드레싱 ……… 25
메이플 요구르트 드레싱 …… 26
무 유자 드레싱 ………… 28
미소 머스터드 드레싱 ……… 31

ㅂ
바질 발사믹 글레이즈 드레싱… 22
바질 오일 드레싱 ………… 23
발사믹 매실 드레싱 ………… 21

발사믹 머스터드 바질 드레싱… 23
발사믹 오리엔탈 드레싱 …… 31
발사믹 오일 드레싱 ………… 22
베이컨 발사믹 드레싱 ……… 23
블랙 올리브 드레싱 ………… 23
블루베리 요거트 드레싱 …… 29

ㅅ
상큼 오일 드레싱 ………… 21
새콤 간장 드레싱 ………… 31
스위트 칠리 드레싱 ………… 32
스테이크소스 드레싱 ……… 34
시나몬 레몬 드레싱 ………… 29
시저 드레싱 ………… 23
심플 오일 드레싱 ………… 21
씨겨자 마늘 드레싱 ………… 21
씨겨자 발사믹 드레싱 ……… 21

ㅇ
아몬드 드레싱 ………… 34
안초비 오일 드레싱 ………… 22
연겨자 드레싱 ………… 31
오렌지 드레싱 ………… 29
오렌지 머스터드 드레싱 …… 29

오리엔탈 드레싱 ·············· 30
요구르트 드레싱 ·············· 26
요구르트 크림 드레싱 ·········· 24
우메보시 드레싱 ·············· 35
유자 간장 드레싱 ·············· 32
유자 드레싱 ·················· 29
유자 레몬 드레싱 ·············· 28
이탈리안 드레싱 ·············· 20

ㅈ
자몽 드레싱 ·················· 28
자몽 허니 드레싱 ·············· 28

ㅊ
참기름 드레싱 ················ 23
참깨 간장 드레싱 ·············· 31
참깨 드레싱 ·················· 33
참깨 마요네즈 드레싱 ·········· 25
청양고추 간장 드레싱 ·········· 32
칠리 드레싱 ·················· 35

ㅋ
카레 드레싱 ·················· 25
케이퍼 오일 드레싱 ············ 21

코리안 드레싱 ················ 31
코우슬로 요구르트 드레싱 ······· 34
코울슬로 드레싱 ·············· 35
코코넛 카레 드레싱 ············ 34
크림치즈 드레싱 ·············· 25
키위 드레싱 ·················· 28

ㅌ
타르타르 드레싱 ·············· 26
토마토 드레싱 ················ 29
토마토 바질 드레싱 ············ 28
토마토 오일 드레싱 ············ 22
토마토 파인애플 드레싱 ········· 28

ㅍ
파슬리 잣 드레싱 ·············· 34
파인애플 드레싱 ·············· 27
파인애플 요구르트 드레싱 ········ 26
프렌치 드레싱 ················ 22
피시소스 간장 드레싱 ············ 32

ㅎ
핫소스 칠리 드레싱 ············ 35
해선장 드레싱 ················ 34
허니 레몬 드레싱 ·············· 29

허니 마요네즈 드레싱 ·········· 25
허니 머스터드 오일 드레싱 ······· 21
허니 발사믹 드레싱 ············ 22
호두 드레싱 ·················· 34
호두 마요네즈 드레싱 ·········· 25
홀스래디시 드레싱 ············ 26

요리

ㄱ

과일 꼬치 샐러드 ············· 70
감자 고구마 샐러드 ············· 152
감자 샐러드 ············· 58
골뱅이 파채 샐러드 ············· 220
관자구이 오렌지 샐러드 ········· 108
구운 뿌리채소와 콜리플라워 그라탱 162
귀리 버섯 샐러드 ············· 125
그린 그린 샐러드 ············· 144
그린빈 마늘 피클 ············· 246

ㄷ

달걀 샐러드 ············· 132
닭가슴살 냉채 샐러드 ········· 88
당근 초절임 ············· 238
두부 과일 해초 샐러드········· 146
두부조림 어린잎 샐러드 ······· 134
딸기 콤포트 샐러드 ············· 76

ㄹ

라타투이············· 232
레몬 마요 새우 샐러드 ········· 104
레터스 샐러드 ············· 56
렌틸콩 고구마 범벅 ············· 160
렌틸콩 샐러드 ············· 120

루콜라

루콜라 자몽 샐러드 ············· 142
리코타 치즈 단감 샐러드········ 148
리코타 치즈 샐러드 ············· 174

ㅁ

마늘 삼겹살 샐러드 ············· 89
마카로니 샐러드 ············· 234
망고 샐러드 ············· 176
매콤 닭가슴살 샐러드 ········· 214
매콤 케이준 치킨 샐러드········ 86
매콤한 타이 누들 샐러드 ······· 194
목살 스테이크 샐러드 ········· 196
무 비트 샐러드 ············· 242
미니당근 피클 ············· 248

ㅂ

바나나 요구르트 샐러드 ········ 75
바삭 두부 샐러드 ············· 135
발사믹 스테이크 샐러드 ········ 92
발사믹 양파 샐러드 ············· 53
방울토마토 샐러드 ············· 77
병아리콩 샐러드 ············· 244
병아리콩 컵 샐러드 ············· 121
봄나물 묵냉채 샐러드 ········· 216
봄나물 조갯살 샐러드 ········· 109

브런치

브런치 샐러드 ············· 204
브레드 스틱 샐러드 ············· 136
브로콜리 명란 샐러드 ········· 210
브로콜리 샐러드 ············· 57
브뤼셀 스프라우트 샐러드 ·······51
블루베리 뮤즐리 샐러드 ········ 150
뿌리채소 비프 샐러드 ········· 91
뿌리채소 샐러드 ············· 55

ㅅ

사과 호두 샐러드 ············· 73
삼겹살 우엉 샐러드 ············· 222
상큼 새우 샐러드 ············· 111
새우 두부 샐러드 ············· 212
샐러드 파스타 ············· 186
세발나물 딸기 샐러드 ············208
쇠고기 냉채 샐러드 ············· 93
슈퍼 곡물 샐러드 ············· 123
스테이크 샐러드 ············· 200
시금치 소고기 샐러드 ········· 228
시저 샐러드 ············· 188

ㅇ

아마란스 샐러드 ············· 118
아스파라거스 수란 샐러드 ····· 133

아스파라거스 양파 피클 ········ 246
알감자 바질 샐러드 ········· 156
양파 샐러드 ············· 52
어니언 링 샐러드 ········· 59
연어 샐러드 ············· 107
오리가슴살 샐러드 ········· 168
오징어 토마토 샐러드 ········ 110
와일드라이스 콜드 샐러드 ····· 124
월도프 샐러드 ··········· 178
유자 문어 샐러드 ········· 106

ㅈ
자몽 봄나물 샐러드 ·········· 74
중국풍 수육 샐러드 ·········· 90
중화풍 닭가슴살 샐러드 ······· 158

ㅊ
차돌박이 부추 샐러드 ········ 218
참나물 연두부 샐러드 ········ 224
치아씨드 자몽 샐러드 ········ 119

ㅋ
카프레제 샐러드 ··········· 172
코브 샐러드 ············· 184
코울슬로 ·············· 236

코울슬로사과 ············ 236
코코넛 새우 샐러드 ········· 198
콘샐러드 ·············· 234
콜리플라워 피클 ··········· 248
콩가득 샐러드 ··········· 122
쿠스쿠스 샐러드 ·········· 154
크루통 샐러드 ··········· 137
크림치즈 단호박 샐러드 ······· 50
클로티드 귤청 샐러드 ········ 166

ㅌ
타코 샐러드 ············· 192
토마토 생강 샐러드 ·········· 240

ㅍ
판자넬라 ·············· 182
페타 치즈 샐러드 ·········· 180
펜네 샐러드 ············· 164

ㅎ
한라봉 로메인 샐러드 ········· 71
해산물 풍기 샐러드 ········· 202
허니 버터 사과 샐러드 ········· 72
허브 마늘 닭다리 샐러드 ······· 87
허브오일 버섯 샐러드 ········· 54

훈제연어 샐러드 ··········· 190
훈제오리 가슴살 샐러드 ······· 168
흰살 생선 샐러드 ·········· 226
허니 마요네즈 드레싱 ········· 25
허니 머스터드 오일 드레싱 ····· 21
허니 발사믹 드레싱 ·········· 22
호두 드레싱 ············· 34
호두 마요네즈 드레싱 ········· 25
홀스래디시 드레싱 ·········· 26

협찬
에델바움(02-706-0350)
수도상사(02-778-5524)
더그린테이블(02-599-2672)

Green Table's
샐러드 수업

펴낸날 초판 1쇄 2015년 5월 4일 | 초판 18쇄 2023년 3월 30일

지은이 김윤정

펴낸이 임호준
출판 팀장 정영주
책임 편집 김은정 | **편집** 조유진 이상미
디자인 유채민 | **마케팅** 길보민
경영지원 나은혜 박석호 유태호 최단비

사진 한정수(Studio etc. 02-3442-1907) | **사진어시스트** 김준영 | **요리어시스트** 강은미 이홍서 김자혜
인쇄 (주)웰컴피앤피

펴낸곳 비타북스 | **발행처** (주)헬스조선 | **출판등록** 제2-4324호 2006년 1월 12일
주소 서울특별시 중구 세종대로 21길 30 | **전화** (02) 724-7664 | **팩스** (02) 722-9339
포스트 post.naver.com/vita_books | **블로그** blog.naver.com/vita_books | **인스타그램** @vitabooks_official

ISBN 979-11-86512-39-5 13590

비타북스는 독자 여러분의 책에 대한 아이디어와 원고 투고를 기다리고 있습니다.
책 출간을 원하시는 분은 이메일 vbook@chosun.com으로 간단한 개요와 취지, 연락처 등을 보내주세요.

비타북스 는 건강한 몸과 아름다운 삶을 생각하는 (주)헬스조선의 출판 브랜드입니다.